하나님이 내신
결혼과 가정

첫 번째 나눔

하나님이 내신
결혼과 가정

정의호 지음

그 열매

하나님이 내신 결혼과 가정

지은이 | 정의호
초판 발행 | 2018년 5월 25일
개정판 발행 | 2019년 5월 5일
펴낸 곳 | 그열매
출판등록 | 2003년 4월 15일
등록번호 | 제145호
등록된 곳 | (16919)경기도 광주시 오포읍 태재로 119
전화 | 031-711-0191
팩스 | 031-711-0149
E-mail | joyfulchurchkorea@gmail.com

ISBN 978-89-90680-27-303230

www.joyful-c.or.kr

하나님이 내신 결혼과 가정

하나님은 우리 삶을 아름답게 하시는
최고의 디자이너이십니다.

CONTENTS

Part 2

하나님이 내신
부부

———

●

Part 3

하나님이 내신
부모와 자녀

——

"하나님이 내신 결혼과 가정의 원리로 돌아갈 때 가정의 모
습이 회복됩니다."

21세기는 모든 부분에 있어 급변하는 시대입니다. 이는 역사
를 주관하시는 하나님의 역사가 이 시대에 더욱더 급박하게 돌
아가고 있다는 뜻이기도 합니다. 그러나 우리는 하나님의 역사가
활발하게 진행될수록 또 다른 한 쪽에서는 사단의 활동도 바삐
돌아간다는 사실을 잊지 말아야 합니다.

그래서 우리 주변에는 서로 하나가 되지 못하고 나뉘는 분열의 아픈 일들이 많이 일어나고 있습니다. 사회 계층별로 서로 분열되고, 세대별로 서로 분열되고, 지역 간에 서로 분열되고 있습니다. 그 무엇보다 우리의 마음을 가장 아프게 하는 것은 가정의 분열과 파괴라고 할 수 있습니다.

하나님은 우리의 소중한 가정을 가장 아끼고 사랑하십니다. 그래서 사단은 소중한 우리의 가정을 파괴하기 위해 더욱 악한 일을 하고 있습니다. 요즈음 우리나라의 이혼율은 세계 1, 2위가 될 정도로 급속하게 증가하고 있습니다. 각 가정 안에서 아내와 남편의 마음이 서로 나누어지고, 부모와 자녀들의 마음이 서로 나누어지고 있습니다. 서로 사랑하며 살아야 할 부부가 이혼이라는 아픈 상처를 가지고 살아갑니다. 그로 인해 그 자녀들이 애매한 피해자가 되어 고통받는 삶을 살아가게 됩니다. 그리고 자녀의 세대가 부모의 세대를 존경하지 않아서 기본적인 인륜이 파괴되기도 하고, 부모가 자녀들을 비인격적으로 대해서 일어나는 청소년들의 문제가 갈수록 심각해지고 있습니다.

이는 하나님의 말씀을 떠난 가정생활의 결과라고 할 수 있습니다. 많은 사람이 하나님이 정하신 남편과 아내의 역할이 무엇인지 모른 채 결혼을 합니다. 부모가 자녀를 어떻게 양육해야 하며, 자녀들은 자기 부모님을 어떻게 공경해야 하는지 잘 모르는 채 피상적인 가족 관계를 유지하고 있습니다. 그래서 가정 안에는 많은 문제가 생길 수밖에 없습니다.

가정의 문제를 해결하는 방법은 가정 제도와 원리를 만드신 하나님의 말씀으로 돌아가는 것입니다. 그래야 하나님께서 만드신 가정의 질서가 회복됩니다. 하나님은 남편과 아내, 부모와 자녀들이 각각 가정에서 지켜야 할 질서를 말씀하고 계십니다. 각자가 가정 안에 두신 하나님의 질서를 지킬 때 가장 행복하고 아름다운 가정을 이룰 수 있습니다.

그러므로 21세기의 중요한 과제는 사단에 의해 파괴되어 가는 가정을 회복하는 것입니다. 가정을 파괴하는 악한 사단의 계략을 이길 수 있는 것은 오직 십자가에서 사단의 세력을 파하신 예수 그리스도의 권세밖에 없습니다. 예수님은 지금도 자신의 교회를 통해 사단의 공격으로부터 가정을 보호하시며, 상처받은 사람의 아픈 마음을 치유하고 계십니다. 주님은 사단에 의해 손상된 우리의 가정들이 주님이 주시는 용서의 사랑으로 회복되길 원하십니다. 남편과 아내의 사랑의 관계가 주님 안에서 회복되기를 원하십니다. 그래서 남편과 아내가 주님 안에서 서로 화해하고 사랑하며, 부모에게서 멀어진 자녀의 마음이 부모에게로 다시 돌아와서 행복한 가정생활을 누리기를 원하십니다. 이 작은 책자를 통해 많은 가정이 회복되는 일이 일어나기를 기대합니다.

건강한 남편과 아내를 통해 건강한 가정이 이루어지며, 건강한 가정에서 건강한 자녀들이 양육되고, 건강한 자녀들로 인해 건강한 사회가 이루어지게 될 것이며, 건강한 사회를 통해 온전한 주님의 나라가 이 땅에 세워지게 될 것입니다.

2019년 5월

Part 1
하나님이 내신
결혼

Chapter 1

하나님이 내신 결혼 준비

"하나님을 위한 결혼을 준비하라"

창세기 2:18

여호와 하나님이 이르시되 사람이 혼자 사는 것이 좋지 아니하니 내가 그를 위하여 돕는 배필을 지으리라 하시니라

창세기 2:19

여호와 하나님이 흙으로 각종 들짐승과 공중의 각종 새를 지으시고 아담이 무엇이라고 부르나 보시려고 그것들을 그에게로 이끌어 가시니 아담이 각 생물을 부르는 것이 곧 그 이름이 되었더라

창세기 2:20

아담이 모든 가축과 공중의 새와 들의 모든 짐승에게 이름을 주니라 아담이 돕는 배필이 없으므로

창세기 2:21

여호와 하나님이 아담을 깊이 잠들게 하시니 잠들매 그가 그 갈빗대 하나를 취하고 살로 대신 채우시고

창세기 2:22

여호와 하나님이 아담에게서 취하신 그 갈빗대로 여자를 만드시고 그를 아담에게로 이끌어 오시니

창세기 2:23

아담이 이르되 이는 내 뼈 중의 뼈요 살 중의 살이라 이것을 남자에게서 취하였은즉 여자라 부르리라 하니라

결혼은 인생에서 가장 중요한 일 중의 하나입니다. 젊은 남녀가 하나님이 짝지어 주신 좋은 배우자를 만나서 한 가정을 이루는 것은 하나님이 기뻐하시는 일이기 때문입니다. 첫 단추를 잘 끼워야 나머지 단추가 제대로 맞듯이, 가정이 행복하려면 먼저 가정을 이루는 첫 단계인 결혼을 잘해야 합니다.

성경에서는 육체를 위하여 심으면 육체로부터 썩어질 것을 거두고 성령을 위하여 심으면 성령으로부터 영생을 거둔다고 말씀합니다.

갈라디아서 6:8
자기의 육체를 위하여 심는 자는 육체로부터 썩어질 것을 거두고 성령을 위하여 심는 자는 성령으로부터 영생을 거두리라

결혼도 자기가 심는 대로 거두게 됩니다. 하나님의 뜻대로 하는 결혼은 하나님이 그 가정을 축복하시고 지키시지만, 하나님이 원하시지 않는 결혼은 자기 뜻대로는 할 수 있으나 그로 인해 많은 아픔을 감당해야 합니다.

그러므로 우리는 하나님이 내신 결혼의 원리를 잘 알고 하나님이 기뻐하시는 결혼을 해야 합니다. 이것은 결혼을 앞둔 청

년들뿐만 아니라 자녀를 둔 부모님들도 반드시 알아야 합니다. 하나님이 기뻐하시는 결혼관을 잘 알고 있어야 자녀가 하나님이 원하시는 좋은 결혼으로 인도함 받도록 도울 수 있습니다.

01
결혼의 동기와 목적

사람들은 자신의 배우자에 대한 기준으로 외모, 학력, 재력, 가문 등 나름대로 결혼관을 가지고 있습니다. 그래서 자신의 조건에 맞는 배우자와 결혼하여 자신들만의 행복을 위해 사는 것이 좋은 결혼이라고 생각합니다. 그러나 그런 결혼은 하나님이 함께하시지 않는, 둘이 '육체'가 되는 가정이 됩니다.

창세기 6:2
하나님의 아들들이 사람의 딸들의 아름다움을 보고 자기들이 좋아하는 모든 여자를 아내로 삼는지라
창세기 6:3
여호와께서 이르시되 나의 영이 영원히 사람과 함께 하지 아니하리니 이는 그들이 육신이 됨이라 그러나 그들의 날은 백이십 년이 되리라 하시니라

노아 시대 사람들의 결혼관은 자기가 원하는 사람과 결혼을 하여 육체적으로 사는 것이었습니다. 하나님의 아들들은 사람의 딸들의 아름다움을 보고 자기들이 좋아하는 모든 여자를 아내로 삼았습니다. 그 결과 하나님의 영이 그들을 떠나서 하나님의 심판을 받게 되었습니다.

오늘날 많은 사람은 하나님이 내신 결혼의 동기와 목적에서 멀어져 있습니다. 노아 시대 사람들의 결혼관이 지금 시대에도 너무나 당연하게 자리 잡고 있습니다. 배우자를 정하는 기준도 시대의 흐름대로 세상 사람들이 추구하는 아름다움입니다. 그러면 노아 시대의 심판을 스스로 자초하게 됩니다. 결혼하고자 하는 동기와 목적이 하나님의 뜻에 합당해야 하나님과 함께하는 가정을 이룰 수 있습니다.

결혼의 동기 : 하나님의 기쁨

하나님께서 사람을 창조하실 때 남자와 여자를 동시에 창조하시지 않았습니다. 처음에는 남자인 아담만 창조하셨습니다. 첫 사람인 아담을 지으신 후 그가 해야 할 사명을 주셨습니다. 그때 하나님께서 아담이 홀로 지내는 모습을 좋지 않게 보셨습니다. 하나님이 그를 위해 돕는 배필을 만드신 것이 이 땅에 결혼이 탄생하게 된 동기입니다. 아담이 혼자 살아도 하나님이 보시기에 문제가 없었다면 아담은 결혼하지 않아도 되었을 것입니다. 그러나 하나님 보시기에 남자와 여자가 결혼하는 것이 좋게 보였기 때문에 결혼이 이루어졌습니다.

많은 사람은 이러한 결혼의 동기를 잘 알지 못합니다. 그래서 자신을 기쁘게 하기 위해, 자신이 좋아하는 사람과 결혼하여 자신이 원하는 삶을 살기 원합니다. 이는 결혼의 첫 단추부터 잘못 끼우는 것입니다. 하나님의 결혼 동기와 자신의 결혼 동기가 다르기 때문입니다.

자기의 기쁨을 위해 결혼하는 사람은 하나님의 뜻대로 결혼하면 행복하지 못할 것이라고 생각합니다. 하나님을 신뢰하는 믿음이 없기 때문입니다. 그래서 하나님에 대한 신뢰와 믿음이 있어야 하나님이 기뻐하시는 믿음의 결혼을 할 수 있습니다. 하나님의 뜻에 맞게 준비하는 것이 하나님이 인정하시는 가장 아름다운 결혼입니다.

하나님의 기쁨이 되는 결혼을 하고자 하는 사람은 그 과정까지도 하나님의 기쁨이 되는 방법으로 해야 합니다. 결혼 자체를 중요시하는 사람은 결혼하는 과정과 방법을 무시합니다. 하지만 하나님이 기뻐하는 과정과 방법을 무시하고 육신적인 방법으로 결혼을 하면 결혼 과정에서 부딪히는 많은 죄 문제를 이길 수 없습니다. 하나님은 눈동자와 같이 그 과정을 모두 지켜보고 계십니다.

하나님의 근심이 되는 방법으로 결혼 과정을 준비하면 반드시 결혼 후에 값 지불이 있습니다. 자기가 심은 대로 거두기 때문입니다. 결혼은 결혼식 자체가 중요한 것이 아니라 그것을 이루는 과정을 통해 하나님 앞에 중심을 보이는 것이 더 중요합니다. 하나님 앞에 하지 않는 것은 사단의 공격을 이길 수 없습니다. 그 결과 죄에 빠지게 됩니다.

그러므로 하나님이 함께하는 가정을 이루길 원한다면 결혼을 준비할 때부터 하나님의 뜻을 따라 해야 합니다. 자신을 기쁘게 하는 것이 아니라 하나님의 기쁨이 되기 위해서 결혼을 하고자 할 때 올바른 가정을 이룰 수 있습니다.

결혼의 목적 : 하나님의 사명을 감당하는 것

하나님께서 하나님의 기쁨을 위해 아담을 돕는 배필을 지으신 것이 결혼의 동기입니다.

> 창세기 2:18
> 여호와 하나님이 이르시되 사람이 혼자 사는 것이 좋지 아니하니 내가 그를 위하여 돕는 배필을 지으리라 하시니라

하나님께서 아담과 하와가 결혼하게 하신 목적은 아담이 하나님의 사명을 이루게 하기 위함입니다. 아담이 하나님의 사명을 감당할 때 혼자서 할 수 없는 일이 있기 때문입니다. 그래서 하와와 결혼하게 하셨습니다. 당시 아담은 하나님이 주신 사명을 따라 에덴동산을 지키고 다스리는 일을 했습니다. 특별히 하

나님은 그에게 생육하고 번성하여 땅에 충만하라는 사명을 주셨습니다.

> 창세기 1:28
> 하나님이 그들에게 복을 주시며 하나님이 그들에게 이르시되 생육하고 번성하여 땅에 충만하라, 땅을 정복하라, 바다의 물고기와 하늘의 새와 땅에 움직이는 모든 생물을 다스리라 하시니라

하지만 아담 혼자서는 하나님이 주신 사명을 온전히 감당할 수 없었기 때문에 하나님께선 아담에게 돕는 배필인 하와를 주셨습니다. 이것이 결혼의 목적입니다. 즉, 아담이 이 땅에서 하나님의 기쁨이 되는 사명을 온전히 감당하기 위해 결혼 제도가 생긴 것입니다.

그러므로 믿음의 결혼을 통해 하나님을 섬기는 믿음의 삶이 더 온전해져야 합니다. 결혼 전보다 그 믿음이 더 자라고, 영적으로 하나님 앞에 더 충만하고 성숙한 삶을 살아야 결혼한 의미가 있습니다.

그런데 결혼 전에는 믿음으로 전도도 하고 기도도 잘했지만, 결혼 후에 오히려 '육체'가 되어 매일 미디어와 세상에 빠져

기도도 하지 않고 육신대로 살고 있다면 그 결혼은 하나님의 기쁨이 아닌 근심이 됩니다. 비록 부부가 하나님 없이 '깨가 쏟아지게' 산다고 해도 하나님의 영은 그들과 함께 하시지 않습니다. 결국 하나님이 주시는 기쁨과 축복이 없기 때문에 인생을 사는 진정한 의미를 상실하게 됩니다. 그러므로 하나님 없이 세상적으로 풍족하게 사는 것은 하나님께 돌아오는 길을 막는 불행이 될 수 있습니다. 차라리 세상이 주는 어려움 때문에 하나님을 의지하여 하나님과 함께하는 가정이 복된 가정입니다.

02
결혼의 방법

"하나님이 주시는 배우자를 믿음으로 받음"

결혼을 할 때 실제적인 문제는 누구와 결혼해야 하는가 입니다. 이 문제는 믿음의 결혼관이 확실한 사람에게는 매우 쉽지만, 그것이 불분명한 사람에게는 가장 어렵습니다. 하나님의 뜻대로 하는 결혼은 배우자 선택이 자연스럽게 이루어집니다. 그래서 하나님의 뜻을 따라 하는 결혼은 쉽고 은혜롭게 이루어집니다. 그러므로 하나님이 내신 결혼의 방법은 '하나님이 나에게 인도해 주시는 배우자를 믿음으로 받아들이는 것'입니다.

> 창세기 2:21
> 여호와 하나님이 아담을 깊이 잠들게 하시니 잠들매 그가 그 갈빗대 하나를 취하고 살로 대신 채우시고
> 창세기 2:22
> 여호와 하나님이 아담에게서 취하신 그 갈빗대로 여자를 만드시고 그를 아담에게로 이끌어 오시니
> 창세기 2:23
> 아담이 이르되 이는 내 뼈 중의 뼈요 살 중의 살이라 이것을 남자에게서 취하였은즉 여자라 부르리라 하니라

아담은 결혼을 위해 특별히 한 것이 없었습니다. 그는 배우자를 찾으러 다니지 않았습니다. 또한 하나님께 자신이 원하는 배우자의 외모나 학력에 대한 기준을 제시하지도 않았습니다. 그는 다만 하나님이 자신에게 인도하신 배우자를 매우 소중한 존재로 보고 기뻐하여 감사한 마음으로 받아들였습니다. 하나님이 주신 그 여자가 아담에게 주신 최고의 배우자라고 믿었기 때문입니다.

하지만 모든 사람이 아담처럼 하나님이 인도해 주신 배우자를 기쁘게 받아들이는 것은 아닙니다. 아담은 하나님과 말씀을 신뢰하고 믿었기 때문에 순종할 수 있었습니다. 하나님에 대한 믿음이 그렇게 한 것입니다. 이처럼 믿음의 결혼은 하나님에 대한 믿음이 있어야 할 수 있습니다. 그래야 하나님이 인도하시는 배우자가 가장 아름답고 귀하게 보이기 때문입니다.

믿음이 없으면 하나님이 주신 배우자를 볼 수 있는 눈이 없고, 좋은 배우자를 인도해주어도 받아들일 만한 능력이 없습니다. 자신이 세상적인 욕심과 가치관을 가지고 있으면 아무리 하나님께서 자기 앞에 합당한 배우자를 보여주어도 자기 눈에는 그렇게 보이지 않기 때문입니다. 믿음의 분량이 따라가지 않으면 아무리 하나님이 좋은 배우자를 주셔도 받아들일 수가 없습니다. 결혼을 할 때 가장 중요한 준비는 하나님을 신뢰하는 믿음을 갖는 것입니다.

어떤 사람은 하나님이 인도하신 배우자를 보고도 그 사람이 자신의 배우자라는 확신이 없어 흔들립니다. 아직 세상적인 욕심으로 인해 하나님을 위해 살고자 하는 믿음이 준비되지 않았기 때문입니다. 이런 사람은 기도를 통해 아직도 세상에 속한 자신의 죄를 회개하게 될 때 눈과 마음이 변화를 받아 모든 것이 새로워질 수 있습니다. 그때 하나님이 주신 배우자가 분명하게 보일 것입니다.

노아 시대의 홍수 심판의 원인은 그 시대 사람들의 죄 때문이었습니다. 특별히 결혼 문제가 하나님 앞에 심각한 죄가 되었습니다. 하나님의 아들들이 자기가 좋아하는 세상의 여자들과 결혼한 결과, 그들이 '육체'가 되었기 때문입니다.

인간은 하나님의 형상으로 창조된 후에 그 코에 하나님의 생기가 부어져 살아있는 영이 된 존재입니다. 하나님은 하나님과 영적인 교제가 이루어지도록 인간을 영적인 존재로 만드셨습니다. 하지만 인간이 결혼을 통해 오히려 둘이 '육체'가 되면 하나님의 영이신 성령이 떠납니다. 그러면 하나님과 영적인 관계가 끊어진 상태가 됩니다. 그것이 영적으로 죽은 상태가 되는 것입니다.

그러므로 믿는 자가 믿지 않는 자와 결혼하게 되면 하나님의 성령이 그 사람에게서 떠나게 되어 영적으로 죽은 상태가 됩니다. 영적으로는 죽은 상태인 육적인 관계로 남게 됩니다.

고린도후서 6:14
너희는 믿지 않는 자와 멍에를 함께 메지 말라 의와 불법이 어찌 함께
하며 빛과 어둠이 어찌 사귀며
고린도후서 6:15
그리스도와 벨리알이 어찌 조화되며 믿는 자와 믿지 않는 자가 어찌
상관하며

하나님을 믿지 않는 사람은 하나님을 위해 사는 것을 싫어
합니다. 오직 세상과 자신의 육체를 위해 살려고 하기 때문에
하나님의 영이 그와 함께하실 수 없습니다. 그러므로 세상적인
가치관으로 세상을 위한 결혼을 할 바에는 차라리 결혼하지 않
는 것이 낫습니다. 그런 사람은 하나님이 기뻐하시는 결혼에 대
한 믿음이 준비될 때 하는 것이 좋을 것입니다.

하나님의 영광이 되는 결혼을 하기 위해선 먼저 결혼관을
분명히 해야 합니다. 자신의 결혼관에 따라 배우자를 보는 눈이
결정되기 때문입니다. 그러므로 좋은 배우자를 만나기 원한다
면 자신이 먼저 좋은 배우자로 준비되어야 합니다.

03
결혼을 위한 준비

결혼을 준비할 때 사람들은 주로 예물, 혼수, 예식장, 거처와 살림살이 등을 중요하게 생각합니다. 물론 그것이 결혼을 위한 실제적인 준비지만 이보다 더 중요한 것이 있습니다. 하나님 앞에 아름답고 은혜로운 결혼이 되기 위해 준비되어야 할 것은 하나님이 보시기에 합당한 자기 자신입니다. 그러므로 결혼식 전에 준비되어야 할 가장 중요한 것은 하나님이 받으실 만한 믿음의 삶입니다.

하나님의 말씀에 순종하는 삶

하나님이 기뻐하시는 결혼을 준비할 때 먼저 하나님의 말씀에 순종하는 삶을 살아야 합니다. 그것이 하나님께서 기뻐하시는 최고의 결혼 준비입니다. 그리고 하나님이 가장 적합한 때에 적합한 배우자를 허락하실 것을 믿어야 합니다. 그런 믿음이 없다면 하나님은 우리가 믿음을 가질 때까지 기다리십니다. 믿음이 없으면 좋은 것을 주어도 받아들일 수 없기 때문입니다.

그래서 최고의 결혼준비는 하나님 앞에 믿음의 훈련을 받는 삶입니다. 믿음의 훈련은 세상을 위해 살며, 자기 유익을 위해 결혼하려는 가치관들을 하나님께로 돌이키는 것입니다. 그래서 하나님께선 결혼 전부터 믿음의 삶을 훈련하시고 준비시키십니다. 결혼을 준비하는 과정을 통해 우리의 신앙이 성장하기를 원하시기 때문입니다. 하나님은 결혼 자체보다 과정을 통해 우리의 신앙이 새롭게 되는 것을 더 기뻐하십니다. 자신의 신앙 인격만큼 좋은 결혼을 할 수 있습니다.

하나님 중심적인 결혼관을 확립

우리 인생에 결혼은 매우 중요한 일이며 이론이 아닌 우리 삶의 실제입니다. 그래서 결혼 과정을 통해 믿음의 실제가 나타납니다. 이론과 말로는 하나님의 영광을 위해 결혼한다고 해도 믿음의 결혼은 실제적인 믿음이 따라가지 않으면 힘들기 때문입니다.

그러나 하나님을 위해 살고자 하는 실제적인 믿음이 있을 때 결혼은 매우 순조롭게 인도받을 수 있습니다. 믿음의 결혼에는 세상적인 조건들이 영향을 주지 않기 때문입니다. 믿음의 결혼에 가장 중요한 조건은 두사람 사이에 하나님 안에서 살고자 하는 믿음의 동질성이 있고, 하나님 나라를 위한 같은 비전과 인생의 목표를 갖는 것입니다.

이러한 믿음의 결혼관이 확실하지 않으면 상황과 조건에 따라 많은 방해를 받아 하나님의 인도함을 받는게 매우 어렵게 됩니다. 사람은 자기 믿음 수준 이상의 사람을 보지 못하기 때문입니다. 믿음이 있는 만큼 믿음의 사람이 보이며, 영적으로 충만한 만큼 그런 사람이 보이게 됩니다. 그러므로 믿음을 준비하는 것이 믿음의 결혼을 할 수 있는 가장 중요한 조건이 됩니다.

기도 생활

사단은 하나님이 기뻐하시는 믿음의 결혼을 시기하여 방해합니다. 그러므로 결혼 과정에서 주어지는 방해들을 이기기 위해선 기도가 많이 필요합니다. 그렇지 않으면 결혼을 준비하는 과정에서 예상치 못한 일들로 많은 어려움을 겪습니다. 하나님 앞에 하는 믿음의 결혼은 영적 전투의 현장이라 할 수 있기 때문입니다. 두 사람의 문제뿐만 아니라, 양가의 부모로부터 오는 문제, 사단이 숨겨놓은 예상치 못한 암초들에 부딪히기도 합니다. 그래서 믿음의 결혼을 위해서 기도하려고 하면 다른 때보다 힘들기도 합니다. 사단이 기도를 방해하기 때문입니다. 기도의 돌파가 될 때 모든 방해를 이기며 하나님 앞에 승리하는 결혼을 할 수 있습니다.

배우자를 받아들이는 믿음

하나님이 인도하시는 배우자를 받아들이는 결정은 결혼에서 가장 중요한 문제입니다. 하나님에 대한 믿음이 있어야 배우자를 분별하고 받아들일 수 있습니다. 믿음이 없으면 자신의 욕심이 앞서 하나님의 뜻을 거스르게 됩니다.

그래서 기도해야 하나님이 주시는 마음으로 배우자를 분별할 수 있습니다. 기도를 통해 육신의 소욕을 따르지 않고, 하나님의 뜻에 순종할 수 있는 힘을 얻을 수 있습니다.

하나님 안에서 인도함 받은 배우자라면 자기뿐 아니라 성령을 따라 사는 다른 동역자에게도 같은 마음을 주십니다. 그래서 자기 혼자만의 생각으로 배우자를 결정하는 것보다 영적인 동역자들을 통해서 확증을 받는 것이 안전합니다. 하나님은 하나님의 사람에게 한 성령 안에서 같은 마음을 주시기 때문입니다.

그러므로 아무리 배우자라는 확신이 있어도 혼자 결정하는 것은 위험할 수 있습니다. 사람은 영적 상태와 믿음의 정도에 따라 하나님에 대한 확신이 달라질 수 있기 때문입니다. 그러므로 배우자에 대한 확신이 하나님에게 나온 것인지, 자기 생각에서 나온 것인지 다른 사람을 통해 분별해야 합니다. 자신이 성령으로 인도함 받은 배우자는 자신을 잘 알고 있는 다른 영적인 사람에게도 반드시 같은 확신을 주기 때문입니다. 그렇기 때문에 자신이 믿음이 부족하면 자신보다 영적으로 충만하고 하나님의 뜻을 분명히 아는 사람의 도움과 조언을 받아야 합니다. 그렇지 않으면 자기 확신에 빠져서 자기의 뜻을 고집하기가 쉽습니다.

인간적인 사람은 인간적인 사람이 좋아 보이고, 영적인 사람은 영적인 사람이 좋아 보입니다. 그러므로 배우자의 결정은 자신의 믿음과 영적인 상태가 가장 충만한 상태에서 하는 것이 가장 좋은 방법입니다.

믿음이 좋은 배우자를 만나기 원한다면 배우자의 영적 상태를 걱정하기보다 내가 먼저 하나님이 기뻐하시는 배우자가 되는 것이 중요합니다.

믿음을 가진 사람에게는 결혼이 어려운 것이 아닙니다. 하나님께서 인도하시는 결혼은 매우 쉽고 순적히 이루어집니다. 그러나 하나님이 인도하시지 않는 결혼은 그 과정이 어렵고, 결혼 후에는 더 많은 어려움이 따르기도 합니다. 또한 하나님 앞에 믿음으로 사는 것은 원하지 않으면서 좋은 결혼만 하려 하기 때문에 결혼이 늦어지기도 합니다. 결혼 자체에 목적을 두기보다 하나님 앞에 준비될 때 하나님께서 결혼의 모든 과정을 순탄하게 인도하실 것입니다.

나누어 보기

1. 하나님이 내신 결혼의 동기와 목적은 무엇인가요? 내가 가지고 있던 생각과 다른 점이 있다면 무엇인지 나누어 보세요.

2. 아담이 결혼을 위해 한 것은 무엇이었나요? 하나님이 내신 결혼의 방법이 무엇인지 나누어 보세요.

3. 결혼을 준비할 때 가장 필요한 것은 무엇인가요? 나는 무엇을 준비해야 할지 구체적으로 나누어 보세요.

Part 2
하나님이 내신 부부

Chapter 1

하나님이 내신 부부의 원리

"서로 다름을 알고 연합하라"

창세기 2:21

여호와 하나님이 아담을 깊이 잠들게 하시니 잠들매 그가 그 갈빗대 하나를 취하고 살로 대신 채우시고

창세기 2:22

여호와 하나님이 아담에게서 취하신 그 갈빗대로 여자를 만드시고 그를 아담에게로 이끌어 오시니

창세기 2:23

아담이 이르되 이는 내 뼈 중의 뼈요 살 중의 살이라 이것을 남자에게서 취하였은즉 여자라 부르리라 하니라

창세기 2:24

이러므로 남자가 부모를 떠나 그의 아내와 합하여 둘이 한 몸을 이룰지로다

창세기 2:25

아담과 그의 아내 두 사람이 벌거벗었으나 부끄러워하지 아니하니라

많은 사람이 결혼이 무엇이며, 어떻게 결혼해야 하는지 잘 모르고 결혼합니다. 그리고 이성에 대한 기본적인 지식을 잘 알지 못한 채 결혼하여 많은 시행착오를 겪습니다. 막연하게 남자와 여자가 다르며 배우자도 자기와 같은 생각과 특성을 갖고 있을 것이라고 생각합니다. 그러나 막상 결혼 생활을 시작하면 서로가 매우 다르다는 사실을 알게 되며 많은 갈등을 겪습니다. 서로 다른 것을 알고 이해하기보다 자기 기준을 주장하기 때문입니다.

또한 남자와 여자가 어떤 방법으로 결혼해야 하며, 결혼한 남편과 아내가 어떤 관계를 유지해야 하는가에 대한 바른 지식이 없이 결혼하기도 합니다. 부모 세대로부터 내려온 관습과 전통에 따라 결혼이라는 하나의 행사를 치르는 것으로 생각하기 때문입니다.

결혼은 하나님이 내신 제도이기 때문에 하나님이 정하신 결혼의 원리를 알아야 하나님이 원하시는 결혼을 할 수 있고, 하나님이 원하시는 가정을 이룰 수 있습니다. 한 가정의 기본 단위는 부부입니다. 남편과 아내의 관계는 부모나 자녀보다 더 우선되는 관계입니다.

우리나라 대부분의 가정은 전통적인 유교 관습에 의해 유지되었습니다. 부부가 서로 사랑을 표현하는 것을 부끄러운 일로 여기며, 부모보다 배우자를 더 사랑하는 것을 잘못되었다고 여기는 문화였습니다. 그리고 부부가 남편과 아내로서의 해야 할 위치와 의무가 무엇인지도 잘 알지 못한 채 결혼생활을 해왔습니다. 이처럼 하나님이 함께하지 않는 결혼생활은 세상의 전통과 문화가 가정을 지배하게 되어 하나님의 말씀과 상충하는 가정을 이루게 합니다.

　　그러므로 하나님 나라의 새로운 시민권을 가진 그리스도인들은 세상 중심적인 가정생활의 전통을 변화시켜 하나님 중심의 새로운 가정을 세우는 사명을 감당해야 할 것입니다.

01
남자와 여자의 특성 알아가기

창세기 2:21

여호와 하나님이 아담을 깊이 잠들게 하시니 잠들매 그가 그 갈빗대 하나를 취하고 살로 대신 채우시고

창세기 2:22

여호와 하나님이 아담에게서 취하신 그 갈빗대로 여자를 만드시고 그를 아담에게로 이끌어 오시니

하나님은 남자와 여자를 다르게 지으셨습니다. 남자는 흙으로, 여자는 남자의 갈비뼈로 만드셨습니다. 즉, 남자와 여자를 지으신 때와 재질과 방법이 다르며, 그 역할도 다릅니다. 그 결과 남자와 여자는 같은 하나님의 사람이지만 서로 다른 특성을 갖게 되었습니다.

많은 사람은 남자와 여자의 근본적인 차이를 잘 알지 못합니다. 단지 성별만 다를 뿐 남자와 여자는 같은 사람이기 때문에 자기와 같을 것이라고 생각합니다. 이런 생각이 많은 부부가 결혼생활 중에 어려움을 겪는 주된 원인이 됩니다. 결혼하기 전에 그렇게 잘 맞던 두 사람이 결혼생활을 하며 서로 맞지 않는다는 사실을 깨닫게 됩니다.

부부간에 서로 맞지 않는 문제의 원인을 단순히 두 사람의 성격이 너무 다르기 때문이라고 생각합니다. 그래서 부부간에 다툼이 있을 때마다 자기 배우자는 좀 특별한 남자와 이상한 여자라고 생각합니다. 그러나 두 사람 다 각자의 친구들 사이에선 지극히 정상적인 사람입니다. 남편은 정상적인 남자이며, 아내도 분명히 정상적인 여자인데도 서로 자기 배우자를 문제 있는 사람으로 생각합니다. 그래서 '우리는 서로 성격이 안 맞는다',

'우리는 애초에 잘못 만난 사이'라고 결혼한 것을 후회하는 말을 합니다.

그러나 남자와 여자가 서로 다른 것은 하나님이 그렇게 만드신 것일 뿐 서로가 틀리거나 잘못된 것이 아닙니다. 그러므로 특성이 서로 다른 부부가 함께 살기 위해선 자기 배우자를 알아가려는 노력이 필요합니다.

> **베드로전서 3:7**
> 남편들아 이와 같이 지식을 따라 너희 아내와 동거하고 그를 더 연약한 그릇이요 또 생명의 은혜를 함께 이어받을 자로 알아 귀히 여기라 이는 너희 기도가 막히지 아니하게 하려 함이라

배우자를 볼 때 하나님이 보시는 눈으로 보는 것이 필요합니다. 많은 사람은 자기와 잘 통하는 자기와 똑같은 배우자를 원합니다. 그러나 하나님은 아담에게 또 다른 아담을 만드셔서 결혼하게 하시지 않으셨습니다. 아담에게 성과 재질이 전혀 다른 여자를 아담의 배우자로 주신 분이 하나님이십니다. 하나님께서 남자와 여자를 다르게 만드셨기에 서로 다른 것은 지극히 정상입니다. 자기와 다른 배우자를 만드시고 인도해주신 분이

하나님이심을 인정하게 될 때 하나님의 눈으로 배우자를 볼 수 있습니다. 자기가 좋아하는 배우자, 자기가 편한 배우자보다, 하나님이 나에게 주신 나와 다른 배우자가 더 좋은 배우자입니다. 나와 다른 배우자를 섬기기 위해 자기를 부인하고 십자가를 지는 삶을 통해 예수 그리스도를 의지하게 되고 하나님의 형상을 닮아가게 됩니다.

나와 다른 배우자가 나에게 필요하고, 유익하기 때문에 하나님께서 가장 합당한 배우자를 주신 것입니다. 사람의 생각을 따라 인간적으로 자기에게 잘 맞는 배우자를 만나게 되면 서로 하나님을 의지하기보다 오히려 두 사람이 육신으로 하나가 되어 육적인 부부가 될 수 있습니다. 죄성을 가진 부부가 서로 그 본성대로 살게 될 때 육신을 따라 살 수밖에 없기 때문입니다.

하늘 보좌에 계시던 예수님이 이 땅에 내려오신 것은 한 마디로 자기 부인이며 그 자체가 십자가였습니다. 죄가 없으신 예수님이 죄인인 인간에게 맞춰서 불편한 삶을 사셨습니다. 죄인인 한 영혼을 구원하기 위해선 자신의 육신을 부인하고 죽는 것이 필요했기 때문입니다.

결혼은 자신의 편리와 행복을 위해 하는 것이 아니라 하나님 앞에 맡은 사명을 감당하는 신앙의 연속입니다. 자기 육신을 누리고, 섬김을 받으며 욕구를 채우려는 결혼 생활은 육신적인 삶을 살게 하여 서로의 인생을 불행하게 만듭니다. 결혼 생활은 하나님 앞에 실제적인 신앙생활을 하는 삶의 현장입니다. 한 영혼을 사랑하고 섬기기 위해 자신을 부인하고, 자기 십자가를 지는 믿음의 삶을 살 때 그 부부는 주님이 함께하시는 가정을 이루게 됩니다.

하지만 자신의 욕구를 채우기 위해 배우자에게 희생과 섬김을 요구하는 부부는 불행합니다. 자신이 져야 할 십자가를 상대에게 떠넘겨 서로가 서로에게 짐이 되기 때문입니다. 진정한 사랑은 자기의 유익을 구하지 않고 다른 사람의 유익을 위해 자신을 희생합니다. 섬김받기보다는 배우자의 필요가 무엇인지를 찾아 섬기는 것이 진정한 사랑입니다.

> 마태복음 7:12
> 그러므로 무엇이든지 남에게 대접을 받고자 하는 대로 너희도 남을 대접하라 이것이 율법이요 선지자니라

배우자에게 섬김받고 싶은 생각이 들면 그때부터 마음이 힘

듭니다. 섬김을 받으려는 마음은 하나님으로부터 나온 것이 아니기 때문입니다. 그런 마음을 이기는 방법은 자신이 먼저 배우자를 섬길 것을 찾는 것입니다. 자신을 기쁘게 하려는 마음은 그 안에 불만과 불평을 가져올 수밖에 없습니다. 그런 마음에서 벗어나려면 반대로 배우자를 기쁘게 해주려는 마음을 가지면 됩니다. 그런 사람의 마음에는 기쁨과 평안이 주어집니다. 하나님이 그 마음을 기뻐하시기 때문에 섬기는 그 사람에게 먼저 기쁨을 주십니다.

남녀의 차이를 잘 아는 만큼 배우자를 잘 이해하게 되고, 이해하는 만큼 오해가 없어지며, 오해가 없는 만큼 좋은 부부 관계가 됩니다.

남자와 여자의 필요의 차이

배우자를 섬기기 위해서는 배우자가 원하는 것을 잘 알아야 합니다. 남자와 여자는 각자 필요한 것과 원하는 것이 다릅니다. 그러므로 각자가 원하는 것으로 배우자를 섬기면 불만의 요

소가 됩니다.

한 예로 남편이 아내에게 원하는 것 중의 하나는 인정과 존중을 받는 것입니다. 남자는 인정과 칭찬을 통해 존재감을 느끼며 자신감을 갖습니다. 다른 사람에게 인정받지 못해도 아내에게는 인정받기를 원합니다. 그래야 존재감을 가질 수 있기 때문입니다. 하나님이 남자를 여자의 머리로 지으셨기 때문에 남편은 아내의 인정과 칭찬을 필요로 합니다. 그러므로 남편이 건강한 가장으로 잘 세워지기 원하는 아내라면 날마다 남편에게 칭찬과 격려, 인정해주는 말을 해야 합니다.

남자는 무시당하고 존중받지 못하는 것을 가장 싫어합니다. 남자는 아내가 자신을 무시하고 핀잔하며 실수한 것에 대해 잔소리하는 것을 싫어합니다. 아내는 남편이 잘되라는 마음으로 말하지만, 그것은 오히려 남편이 잘하고자 하는 의욕을 막는 역할을 합니다. 그래서 아내에게 무시당하고 핀잔의 말을 자주 듣는 남자는 자존심이 상하고 낙심하여 변화되지 않습니다. 자기 집에서 아내에게 인정받지 못한 남편은 밖에서 자신감을 갖는 것이 어렵습니다. 그러므로 남편이 하나님 앞에서 좋은 일꾼으로 성장하기 원한다면 먼저 남편을 격려하고 존중하는 말로 섬겨야 합니다.

아내가 남편에게 가장 필요로 하는 것은 남편의 사랑입니다. 여자가 결혼하는 목적 중 하나는 남편의 사랑을 받기 위해서입니다. 비록 남자가 경제적인 형편이 어려워도 자신을 깊이 사랑하고 날마다 '사랑해'라고 말해준다면 아내는 삶에 의욕과 존재감을 갖습니다. 하나님께서 여자를 그렇게 지으셨기 때문입니다. 그러나 아무리 좋은 집에서 풍족하게 살아도 남편의 사랑이 없다면 아내는 자기 삶의 의미를 갖기 어렵습니다. 여자는 남편의 사랑으로 삶의 에너지를 얻기 때문입니다.

아내를 사랑하는 방법은 여러 가지가 있지만 서로의 마음을 나누는 대화가 가장 중요합니다. 아무리 사랑하는 마음이 있어도 마음을 나누는 대화가 없으면 사랑을 느낄 수 없습니다. 대화가 없는 사랑은 잠긴 금고 속에 꺼낼 수 없는 보물과 같을 뿐, 실제적인 유익이 전혀 없기 때문입니다.

부부가 사랑하기 위해서는 서로의 특성과 필요를 배워야 합니다. 그리고 상대방의 필요를 섬기기 위해 자신을 부인하고 십자가를 지는 것이 사랑을 연습하는 부부 생활입니다.

남자와 여자의 대화의 차이

부부가 서로 알아가는데 중요한 수단이 대화입니다. 겉으로 나타나는 모습과 속으로 생각하고 느끼는 것이 다를 수 있기 때문입니다. 그러므로 서로의 생각과 감정을 이해하기 위해 깊은 대화가 필요합니다.

그러나 부부간에 가장 중요하면서도 가장 어려운 것이 대화입니다. 많은 부부가 서로 대화를 시도하지만 몇 분 만에 대화가 안 된다고 느끼고 대화를 중단합니다. 그 이유는 남자와 여자의 대화법이 다르기 때문입니다.

아내가 남편을 존중하며 칭찬과 격려하는 것도 대화를 통해서 해야 하고, 남편이 아내를 사랑하는 것도 대화를 통해서 해야 합니다. 아내가 남편에게 칭찬과 격려할 때는 남자의 언어로 해야 진정한 칭찬과 격려가 될 수 있습니다. 또한 남편이 아내를 사랑한다면 사랑한다는 것을 말로 표현하고, 아내의 말을 잘 들어주는 대화의 기술을 배워야 합니다. 특별히 남자는 여자에 비해 대화하는 것이 익숙하지 않기 때문에 여자의 대화법을 배우지 않으면 아내와 대화할 때 많은 어려움을 겪게 됩니다.

남자는 대화를 할 때 주로 정보 수집이나 남을 지배하려는 목적 또는 어떤 문제를 해결하기 위한 목적으로 합니다. 남자가 그런 주제로 대화를 할 때는 비교적 많은 말로 자기주장을 하지만 자기 속에 있는 감정을 나누는 대화를 어려워합니다. 대부분 남자는 어릴 때부터 그런 대화를 억제하는 문화에서 성장했기 때문입니다.

반면 여자의 대화는 다릅니다. 여자는 마음을 서로 나누는 대화를 합니다. 그러므로 남편이 아무리 많은 말을 해도 감정을 나누지 않으면 대화로 여기지 않습니다. 이것이 남녀간의 대화가 어려운 이유입니다. 서로 목적이 다른 대화를 들어줄 능력이 없기 때문입니다.

그래서 남편은 아내와 대화가 안 되는 어려움을 밖에서 다른 남자들과 길게 대화를 하며 스트레스를 해소합니다. 그리고 아내는 남편과 대화가 안 되는 어려움을 다른 여자들과 하루 종일 이야기하고 집에 와서 전화로 남은 이야기를 합니다. 이처럼 동성끼리는 대화가 잘 되는 사람도 남편과 아내 사이의 대화에는 어려움이 있습니다. 남자와 여자의 대화방식이 다르기 때문입니다.

남자와 여자는 대화의 주제도 서로 다릅니다. 남자는 주로 정치, 스포츠, 자동차, 전쟁, 경제 등에 대해 말하기를 좋아합니다. 이런 주제로 대화를 할 때는 시간가는 줄 모르고 몇시간씩 이야기를 합니다. 그러나 대부분의 여자들은 이런 주제는 관심이 없습니다. 이런 주제는 개인적인 관계를 맺는 대화가 아니기 때문입니다.

　　반면, 여자는 주로 집안 살림, 시댁, 친정, 자녀, 쇼핑, 먹거리, 옷, 그리고 사소한 일상생활과 다른 사람에 대한 이야기들을 좋아합니다. 서로의 생각과 마음을 나누는 대화를 통해 개인적인 관계를 맺기 때문입니다. 그러나 남자들은 이런 주제로 대화하는 것은 시간 낭비일 뿐 아무 유익이 없다고 생각합니다. 그래서 남자와 여자는 근본적으로 대화의 공통점이 적습니다. 이것이 부부간의 대화에 어려움을 주는 원인이 됩니다. 서로 관심 없고, 싫어하는 주제로 대화하는 것을 원하는 사람은 없기 때문입니다.

　　여자가 남자와의 대화에서 가장 싫어하는 이야기의 1, 2, 3위가 있습니다. 그중에 3위는 축구 이야기입니다. 남자들은 스포츠에 대해 이야기를 할 때면 힘이 나서 시간 가는 줄 모르고 말합니다. 그리고 2위는 군대 이야기입니다. 남자들끼리 모이면 군대에서 무엇을 했는지, 어느 부대를 나왔는지 이야기하는 데 열변을 토합니다. 군대 이야기는 평생 할 말이 있을 정도로 빼놓을 수 없는 이야기입니다. 그래서 여자들이 가장 싫어하는 남자들의 대화 1위는 남자들이 군대에서 축구 한 이야기입니다. 남자들이 가장 좋아하는 대화 주제를 여자들은 가장 싫어하는 것입니다.

그리고 아내와의 대화에서 남자들이 싫어하는 주제가 있습니다. 3위는 다른 사람이 돈 많이 벌었다는 이야기입니다. 그리고 2위는 친구 남편 이야기입니다. 친구 남편을 자기 남편과 비교하며 자랑하는 것은 남편을 괴롭게 하는 행동입니다. 남편이 아내에게 듣기 싫은 말 1위는 아내의 친구 남편이 돈 많이 벌었다는 이야기입니다.

그러므로 서로 다르게 지음 받은 남편과 아내가 함께 살아가기 위해서는 배우자의 서로 다른 점을 알아가야 합니다. 상대방을 나에게 맞추어 바꾸려고 하기보다는 이해하려고 해야 합니다. 상대방을 무시하면서 자신의 생각만 주장하는 것이 갈등의 원인이 됩니다. 상대방을 존중하고 사랑하는 마음으로 자기

를 부인하고 배우자를 이해하며 서로 맞추려고 하는 것이 신앙
훈련입니다. 하나님 나라에서는 섬기는 자가 섬김을 받는 자보
다 큽니다.

02
배우자에 대한 확신 가지기

창세기 2:23

아담이 이르되 이는 내 뼈 중의 뼈요 살 중의 살이라 이것을 남자에게 서 취하였은즉 여자라 부르리라 하니라

아담은 하나님이 주신 배우자를, '이는 내 뼈 중의 뼈요 살 중의 살이라'고 고백하며 믿음으로 받아들였습니다. 부부는 결혼한 자기 배우자가 하나님이 주신 배우자라는 믿음의 확신을

가져야 합니다. 이 땅에 사는 날 동안 하나님이 주신 배우자와 평생 사랑과 신뢰의 관계를 가져야 합니다.

사단은 부부간에 관계가 좋지 않거나, 배우자의 연약함과 실수를 볼 때 배우자에 대한 확신이 흔들리게 합니다. 그리고 결혼할 때 하나님의 인도하심보다 배우자의 외적인 부분, 학력이나 외모, 성격, 재정 등의 조건에 끌려 결혼한 부부일수록 이런 방해를 더 많이 받습니다.

그러나 결혼한 부부가 가져야 할 분명한 확신은 현재 배우자를 하나님이 주신 배우자로 인정하고 믿는 것입니다. 자기 아내나 남편이 다른 사람에게는 부족할지 몰라도 자신에게는 가장 적합한 배우자라는 확신이 있어야 합니다. 하나님은 실수하지 않으시고 모든 것을 합력하여 선을 이루시는 좋으신 하나님이시기 때문입니다.

모든 사람은 장단점이 있습니다. 부정적인 사람은 배우자의 좋은 면은 보지 못하고 부족한 것만 보며 판단하고 정죄합니다. 사람의 부족한 면만 바라본다면 이 세상에 온전한 사람은 아무도 없습니다. 아무리 훌륭한 남자나 현모양처 같은 여자에게도 약점은 다 있기 때문입니다. 다른 사람을 약점 중심으로 보는 사람은 계속 부정적인 눈을 갖게 됩니다. 부정적인 눈을 가진 사람은 스스로 자기 인생을 부정적으로 만듭니다. 그러므로 우리의 눈을 하나님의 선하고 긍적적인 눈으로 바꾸는 것이 중요합니다.

하나님은 우리를 볼 때 긍정적인 눈으로 보십니다. 다윗이 모든 면에서 완벽해서 하나님의 마음에 맞았던 것이 아닙니다. 그도 실수가 많았습니다. 하나님은 다윗이 가진 좋은점 한 가지를 보시고 하나님 마음에 맞는 사람이라고 말씀하셨습니다. 아브라함과 이삭과 야곱도 허물이 있었지만 하나님은 그들을 부정적인 눈으로 보시지 않고, 장차 변화될 모습을 믿음의 눈으로 보시고 그들을 사용하셨습니다. 그러므로 긍정적인 믿음의 눈으로 배우자가 변화될 것을 바라보면 배우자가 믿음대로 변화될 것입니다.

히브리서 11:1
믿음은 바라는 것들의 실상이요 보이지 않는 것들의 증거니

사랑은 사람의 모든 허물을 덮는 능력이 있어서 한 영혼을 새롭게 살리는 일을 합니다. 그러나 사람의 허물을 판단하고 정죄하면 하나님이 살리고자 하시는 영혼을 죽이게 됩니다. 그러므로 하나님이 주신 배우자의 부족한 부분을 사랑으로 섬겨서 배우자의 생명을 살리는 부부가 되어야 합니다. 부부는 서로 믿고 사랑하는 만큼 새롭게 성장하고 변화됩니다. 하나님이 그런 부부를 사랑하시기 때문입니다.

03
결혼의 원리 지키기

우리가 주로 사용하는 전자제품은 매뉴얼을 갖고 있습니다. 기능과 사양, 작동법 등을 상세히 기록하여 사용자에게 편리를 제공합니다. 전자제품이 매뉴얼을 따라 작동할 때 최고의 성능을 유지하듯이 사람도 결혼이라는 제도를 내신 하나님의 원리를 따라 결혼할 때 가장 좋은 결혼을 할 수 있습니다.

한 남자와 한 여자의 결혼

하나님은 아담에게 배우자로 많은 여자가 아닌 하와라는 한 여자를 주셨습니다. 하나님의 결혼 원리는 한 남자와 한 여자가 결혼하는 것입니다. 그래서 일부다처제나 일처다부제는 하나님이 허락하신 것이 아닙니다. 더구나 여자와 여자 혹은 남자와 남자가 결혼하는 것은 시대와 문화에 상관없이 하나님 앞에서 옳지 않습니다.

십계명에서는 배우자 외에 다른 남자나 여자를 탐내지 말라고 합니다. 이것은 몸으로 간음하는 것뿐만 아니라 마음으로 품는 것도 금하는 것입니다. 배우자 외에 다른 이성을 마음에 품으면 간음죄를 짓는 것입니다. 결혼한 이후에는 다른 이성이 부부 사이에 들어오지 못하게 해야 합니다. 결혼하기 전에 관계되었던 모든 이성과 결탁한 마음을 완전히 정리해야 합니다. 마음에 두 이성을 품고 있는 것은 결국 한 몸이 되어야 할 부부를 나뉘게 하기 때문입니다.

부모를 떠나야 함

미성년의 자녀들은 부모에게 속하여 부모의 양육과 보호와 다스림 아래 있습니다. 자녀는 가정의 가장인 아버지의 권위 아래 속하기 때문입니다.

> 창세기 2:24
> 이러므로 남자가 부모를 떠나 그의 아내와 합하여 둘이 한 몸을 이룰 지로다

그러나 하나님은 남자가 결혼을 하면 자기 부모를 떠나게 하십니다. 남자는 부모를 떠나 독립적인 가정의 가장이 되어야 하기 때문입니다.

한국의 많은 가정이 이 문제에서 부모와의 관계에 갈등을 겪습니다. 유교적인 문화에서는 자녀가 결혼한 후에도 부모의 권위 아래 종속된 존재로 생각합니다. 그래서 자녀는 결혼한 후에도 한 가정의 가장이 되지 못한 채 여전히 부모에게 종속된 상태가 됩니다. 그런 가정은 부부가 가정의 중심이 되지 못하고 부모가 그 가정의 주도권을 가지게 됩니다. 이로 인해 남편과

아내가 하나님 앞에 독립된 가정을 이루지 못한 채 부모에게 예속된 불완전한 가정이 됩니다.

결혼과 동시에 자녀가 부모를 떠나는 것은 하나님이 내신 결혼의 영적 원리입니다. 이것은 하나님이 말씀하신 부모를 공경하라는 말씀과 상충하는 것이 아닙니다. 자녀는 부모를 공경하고 섬기며, 부모에게 영적인 지혜와 조언을 받을 수는 있습니다. 그러나 부모가 가정의 중심인 부부를 다스리고 주관하는 위치가 되어서는 안 됩니다. 그것은 결혼한 남자를 가정의 머리로 세우신 하나님의 원리에 어긋나기 때문입니다.

부모가 진심으로 자녀의 행복을 원한다면 결혼과 동시에 하나님 안에서 자녀를 떠나보낼 수 있어야 합니다. 이제는 부모의 예속이 아니라 하나님 안에서 독립적인 신앙을 하도록 기도로 도와주는 것이 좋은 방법입니다.

결혼한 남자의 머리는 부모가 아닌 그리스도이십니다. 부부가 결혼하여 새로운 가정을 이룰 때 남편이 가장의 역할을 해야 합니다.

고린도전서 11:3

그러나 나는 너희가 알기를 원하노니 각 남자의 머리는 그리스도요 여자의 머리는 남자요 그리스도의 머리는 하나님이시라

가정에서 일어나는 중요한 일들은 가장인 남자가 먼저 자신의 머리가 되시는 예수 그리스도의 뜻을 묻고, 돕는 배필로 주신 아내와 상의해서 결정해야 합니다. 중요한 일을 결정할 때 부모나 다른 사람의 조언을 들을 수 있으나 최종결정은 아내와 상의해야 합니다.

유교적인 가정에서 자란 자녀는 결혼 후에도 가정의 중요한 일을 결정할 때 아내를 제외하고 부모나 다른 사람과 상의해서 결정한 후에 아내에게 통보하는 경우가 있습니다. 그것은 하나님께서 남편을 돕는 배필로 주신 아내의 역할과 지위를 무시하는 것입니다. 한 가정의 핵심 주체는 남편과 아내이지 그 외 어떤 부모나 자녀까지도 그 자리를 대신할 수 없습니다.

한 몸을 이룸

한 몸을 이루는 것은 영적으로, 육적으로 부부가 하나 되는 것입니다. 부부가 결혼을 통해 한 몸이 된다는 것은 부부는 서로 떨어질 수 없는 관계가 되었다는 뜻입니다. 하나님이 맺어주신 부부는 사람의 뜻으로 나눌 수 없습니다.

마태복음 19:4
예수께서 대답하여 이르시되 사람을 지으신 이가 본래 그들을 남자와 여자로 지으시고
마태복음 19:5
말씀하시기를 그러므로 사람이 그 부모를 떠나서 아내에게 합하여 그 둘이 한 몸이 될지니라 하신 것을 읽지 못하였느냐
마태복음 19:6
그런즉 이제 둘이 아니요 한 몸이니 그러므로 하나님이 짝지어 주신 것을 사람이 나누지 못할지니라 하시니

부부가 서로 나뉘는 이유는 부부간에 사소한 문제인 경우가 많습니다. 성격과 생활 방식, 취향이 달라 서로를 불편하게 한다는 이유로 나뉘는 경우가 많습니다. 자기와 다른 한 사람을 섬기고 감당할 만한 인격이 안 될 때 다른 어떤 사람을 만나도

같은 문제를 만나게 됩니다.

또한 같은 집에 살면서 은행 통장도 따로 만들고, 부동산 문서도 따로 관리하고, 지출도 각자 관리하는 부부도 있습니다. 몸은 한 몸처럼 살지만, 실제적인 삶은 서로 나뉘어 있습니다. 또한 어떤 부부는 한집에 살면서도 서로 외면하고 남남처럼 지내며 각방을 씁니다. 몸이 서로 나뉜 모습입니다. 몸이 나뉘면 한쪽만 아픈 것이 아니라 양쪽이 다 아픔을 겪게 됩니다.

부부는 한 몸임을 인식하고 아무리 어려운 일이 있어도 나뉠 수 없다는 절대성을 가져야 합니다. 서로가 너무 맞지 않아 힘들 때도 하나님의 선한 뜻이 있음을 믿어야 합니다. 자신이 십자가에 죽고자 하는 사람은 어떤 사람도 감당할 수 있지만, 자신이 져야 할 십자가를 피하고자 하는 사람은 어떤 사람을 만나도 같은 문제에 넘어집니다.

최근에는 '기러기 아빠'나 '주말부부'가 많이 생기고 있습니다. 자녀와 직장 문제로 부부가 떨어져서 삽니다. 자녀의 유익을 위해 부부가 떨어져 지낸다면 자녀가 가정에 우상이 되어 하나님의 질서를 파괴하는 것입니다. 아내는 남편을 돕는 배필이지 자녀를 돕는 배필이 아닙니다. 부부 관계를 희생시키는 그 어떤 것도 합당한 이유가 되기는 어렵습니다.

또한 경제적인 이유나 직장의 형편으로 주말부부가 되어 한 주간 부부가 떨어져 지내는 것도 좋은 것이 아닙니다. 일시적인 상황으로는 어쩔 수 없다 해도, 장기간 그런 생활을 하는 것은 합리화할 수 없습니다.

가정에서 가장 중요한 관계는 바로 부부 관계이기 때문에 어떤 명목으로도 부부가 떨어져 지내는 상황은 좋지 않습니다. 그러므로 어떤 이유로든지 부부 관계를 희생시켜서는 안 되며, 오히려 어떤 희생을 감수하고서라도 부부 관계를 유지해야 합니다. 부부가 떨어져 지내면 사단에게 틈을 주게 됩니다.

부끄러움이 없는 관계

창세기 2:25
아담과 그의 아내 두 사람이 벌거벗었으나 부끄러워하지 아니하니라

아담과 하와가 범죄하기 전에는 옷을 입지 않았습니다. 하나님이 만드신 자기 몸 그대로를 아름답게 봤기 때문입니다. 그

러나 죄를 지은 후에는 하나님이 지으신 몸을 부끄럽게 보게 되었습니다. 죄 때문에 하나님이 기뻐하시는 것이 더 이상 기쁘게 보이지 않았습니다. 자신의 모습을 하나님과 사람 앞에 드러낼 수 없었기 때문에 하나님이 기뻐하신 아름다운 몸을 나뭇잎으로 가렸습니다. 이처럼 우리 안에 죄가 있으면 자신을 감추고 숨기려 합니다. 자신의 모습 그대로를 솔직하게 드러내지 못하고 거짓으로 꾸미게 됩니다.

부부는 결혼을 통해 더 이상 남이 아니라 한 몸이 됩니다. 그러므로 부부는 서로 숨기는 것이 없어야 합니다. 부부 간에 숨기는 것이 있으면 하나가 되지 못하고 나뉩니다. 부부간에 감추고 있는 죄가 갈등의 원인이 되고, 서로를 불신하여 분리하게 됩니다.

부부가 한 몸이 되기 위해서는 배우자의 어떤 허물도 용납해야 합니다. 배우자의 허물과 죄를 용서하지 못하고 정죄하면 자신의 있는 모습 그대로를 보여 주지 못하고 숨기고 감추게 됩니다. 그러면 부부 사이에 죄가 안전하게 숨어서 서로의 관계를 깨트리는 일을 합니다.

그러므로 부부가 서로의 죄를 용납하고 품어주는 관계가 되기 위해 성숙한 신앙을 가져야 합니다. 다른 사람의 죄를 용서하는 마음을 가지려면 자신이 먼저 예수 그리스도의 십자가 죄 사함의 체험이 있어야 합니다. 그래야 배우자의 죄를 용서하고 사랑으로 감당할 수 있기 때문입니다.

결혼생활은 부부가 서로 다른 것을 인정하며 있는 그대로의 모습을 사랑으로 받아들이며 사는 것입니다. 배우자의 죄와 허물을 감당하는 삶이 예수 그리스도의 형상을 닮아가는 연습입니다. 가정에서 먼저 십자가의 삶을 훈련받을 때 세상에 나가 예수 그리스도의 십자가를 증거할 수 있게 됩니다.

나누어 보기

1. 남녀가 서로 필요로 하는 것과 싫어하는 것이 어떻게 다른가요? 배우자를 대하는 나의 모습 중에 바뀌어야 할 부분은 무엇인가요?

2. 현재의 배우자가 하나님이 나에게 주신 배우자임을 확신할 수 있나요? 하나님이 주시는 믿음의 눈으로 배우자의 장점을 서로 나누어 보세요.

3. 하나님이 내신 부부의 연합의 원리 중에 나에게 필요한 부분은 무엇인지 구체적으로 나누어 보세요.

Chapter 2

하나님이 내신 아내의 원리

"아내들아, 남편에게 순종하라"

골로새서 3:18

아내들아 남편에게 복종하라 이는 주 안에서 마땅하니라

　얼마 전까지만 해도 우리는 마약, 알코올 중독, 게임 중독, 성적 타락, 청소년 문제, 급증하는 이혼 문제는 단지 서구 사회에서나 일어나는 해외 토픽 정도로만 생각했습니다. 그러나 요즘 시대는 이런 문제들이 우리 이웃과 자신의 문제가 되었습니다. 이는 마지막 때가 가까워지면서 사단이 이 시대를 죄로 인해 극도로 타락하게 만들기 때문입니다. 사단의 목표는 하나님이 세우신 창조질서를 파괴하고 무너뜨리는 것입니다. 그러므로 가정의 질서를 무너뜨리는 것이 사단의 핵심 전략 중 하나입니다. 가정을 무너뜨리면 부부가 하나님 앞에 넘어지게 되고, 그로 인해 많은 자녀 세대가 무너지게 됩니다. 마지막 때는 가정을 지키는 것이 최고의 영적 전투의 승리입니다.

무너진 가정을 회복하는 방법은 가정을 향한 하나님의 말씀을 회복하는 것입니다. 마지막 때에 엘리야가 와서 아비의 마음을 자녀에게 돌이키며, 자녀의 마음을 아비에게 돌이키는 일을 합니다. 그래서 상처로 깨어진 가정이 다시 회복되는 역사가 일어납니다. 세상 문화와 풍습으로 왜곡된 가정의 질서가 회복되고, 사단에 의해 깨지고 상처 난 가정이 다시 치유되는 것이 필요합니다. 가정에 두신 하나님의 말씀을 지키지 못하여 깨어진 가정이라도 하나님의 말씀을 회복하면 그 가정이 다시 회복될 수 있습니다.

하나님은 이 세상 모든 우주 만물에 질서를 정하셨습니다. 하나님의 형상과 모양으로 창조하신 사람을 하나님이 다스리시고, 사람은 만물을 다스리는 질서입니다. 그래서 사람은 반드시 하나님께 복종해야 하며, 만물은 사람에게 복종해야 합니다. 이 질서가 깨지는 자체가 죄와 타락이며 혼돈입니다.

하나님은 나라와 사회와 교회에도 각각 상하 간, 동료 간에 질서를 세우셨습니다. 또한 하나님은 가정 안에 질서를 세우셨습니다. 하나님은 부모와 자녀, 부부사이에 지켜야 할 질서를 정해주셨습니다. 각각 하나님이 내신 질서를 지킬 때 그 가정은 하나님의 보호를 받게 됩니다. 그러나 하나님이 세우신 질서를 지키지 못하면 사단의 방해로 가정이 무너집니다. 가정에서 지켜야 할 가장 중요한 질서는 남편과 아내의 질서입니다.

01
남편에게 복종하라

하나님이 가정에 내신 기본 질서는 아내가 남편에게 복종하고, 남편은 아내를 사랑하는 것입니다. 하나님은 먼저 아내들에게 가정의 질서를 말씀하십니다. 여기에는 그만한 이유가 있습니다. 성경이 기록되었던 당시 2000년 전에는 각 가정에 남편과 아내, 부모와 자녀 그리고 주인과 종의 질서가 있었는데, 당시 여자와 종은 신분이 낮아서 무시당하며 살았습니다. 그런 상황 가운데 예수님이 오셔서 복음을 전할 때 복음의 혜택을 가장 많이 받아 신분이 회복된 사람들이 바로 여자와 종들과 고아와 과부와 자녀들이었습니다.

그런데 당시 많은 종과 여자들이 복음을 받아들이고 복음 안에서 자유함을 받게 되자 문제가 생겼습니다. 이제는 아내들이 남편에 대한 의무로부터 자유롭고 싶은 마음을 갖게 되었습니다. 그래서 아내들이 남편을 섬기는 대신 하나님을 섬기겠다고 주장했습니다. 또한 종들도 주인에 대한 많은 의무로부터 벗어나고 싶은 마음을 갖게 되었습니다. 육신의 상전보다 영적인 하나님을 상전으로 모시는 것만 중요하게 생각하는 경향이 생겼습니다. 그래서 예수님의 선한 복음이 오히려 하나님이 세우신 가정과 사회의 질서를 무너뜨리는 모습으로 나타났습니다. 하나님은 질서의 하나님이신데 사단은 예수님께 받은 자유를 육체의 기회로 사용하도록 만들었기 때문입니다.

가정에 세우신 하나님의 질서가 무너지면 가정이 무너지게 됩니다. 하나님이 세우신 남편과 아내의 질서를 깨트리는 것은 사단에게 문을 열어주는 행위입니다. 하나님의 말씀이 무너지면 불법이 지배하기 때문입니다. 그래서 가정에 세우신 남편과 아내의 질서를 지키는 것이 사단의 공격으로부터 가정을 지키는 보호막이 됩니다.

가정에서 아내가 지켜야 할 하나님의 질서는 자기 남편에게 복종하는 것입니다. 아내가 하나님이 자신에게 주신 말씀을 지킬 때 하나님께서 가정을 보호하십니다.

02
남편에게 복종하는 방법

하나님은 아내가 남편에게 복종할 구체적인 방법을 말씀하십니다.

에베소서 5:22
아내들이여 자기 남편에게 복종하기를 주께 하듯 하라

하나님은 아내가 남편에게 복종할 때 '주께 하듯 하라'고 말씀하십니다. 남편에게 복종하는 것을 남편이라는 사람에게 하는 것처럼 하지 말고, 주께 하는 것처럼 하라는 말씀입니다. 왜냐하면 아내가 남편에게 복종하는 것은 남편이 그 말을 했기 때문에 남편의 말에 복종하는 것이 아니라 그 말씀을 하신 하나님께 복종하는 것이기 때문입니다.

사람인 남편에게 복종하려고 하면 온전한 복종이 어렵습니다. 왜냐하면 남편에게 복종할 만한 조건과 자격을 따지기 때문입니다. 그러나 이 세상에 온전히 복종할 수 있는 조건을 갖춘 남편은 아무도 없습니다. 주님을 사랑하고 순종하는 아내라면 남편의 상태와 상관없이 주님의 말씀에 복종할 수 있습니다. 남편이 어떤 상태이든지 상관없이 그것은 주님의 말씀에 복종하는 것이기 때문입니다.

예수 그리스도와 함께 옛사람이 십자가에 못 박혀 죽었다면 이제는 사람을 상대로 살지 않고 오직 우리 안에 계신 주님 앞에서만 살아야 합니다. 하나님을 상대로 살 때 하나님의 말씀에 순종하는 삶을 살 수 있고 남편에게 복종할 수 있습니다.

03
남편에게 복종해야 하는 이유

주님의 명령

아내가 남편에게 복종해야 하는 근거가 있습니다.

골로새서 3:18
아내들아 남편에게 복종하라 이는 주 안에서 마땅하니라

하나님은 아내가 남편에게 복종하는 것이 주 안에서 마땅하다고 말씀하십니다. '마땅하다'는 것은 그 일이 하나님 앞에 합당한 일이라는 뜻입니다. 하나님이 정하시고 말씀하신 것은 모두 진리이며 우리가 반드시 지켜야 합니다. 아내가 남편에게 복종해야 하는 이유는 하나님이 합당하게 정하신 명령이기 때문입니다. 하나님께서는 사람을 창조하실 때부터 아내가 남편에게 복종하도록 지으셨습니다.

이는 남편이 아내보다 더 낫기 때문도 아니고, 남편이 존경받을만한 자격이 있어서가 아닙니다. 실제로 남편보다 아내가 더 훌륭하고 신앙이 더 성숙한 경우도 많습니다. 이는 인간적인 우열의 문제가 아니라 하나님의 내신 영적인 질서 차원의 문제입니다.

삼위일체 되신 하나님은 다 같은 한 분 하나님이십니다. 그러나 그 안에는 성부 하나님, 성자 예수님, 성령 하나님 간에 세워진 질서가 있습니다. 성자 예수님은 같은 하나님이시면서도 성부 하나님께 죽기까지 복종하셨습니다. 그것은 하나님의 질서 때문이지 우열의 차이 때문이 아닙니다. 이것이 영적 세계에 세워진 영적 질서의 개념입니다.

하나님의 말씀이기 때문에 자녀가 부모에게 순종하듯이, 아내가 남편에게 복종하는 것은 주님의 말씀이기 때문에 그렇게 해야 합니다. 그러므로 복종해야 할 이유를 사람에게 찾으면 복종할 이유가 없습니다. 남편의 부족한 면을 볼 때 도저히 복종할 마음이 생기지 않기 때문입니다. 가정에서 가장의 역할을 잘하지도 못하고, 자녀에게 좋은 아빠의 본을 보여주지도 못하며, 신앙적으로 아내보다 믿음이 없는 남편이 많습니다.

그러나 남편과 아내에게 세운 말씀은 자격이나 조건의 개념이 아니라 하나님이 내신 창조 질서입니다. 하나님은 남자와 여자를 만드신 분으로, 우리의 모든 체질과 특성을 완전하게 알고 계십니다. 하나님께서 남자를 아내의 존경을 받아야 온전한 삶을 살 수 있는 체질로 지으셨습니다. 그리고 여자를 지으실 땐 남편에게 복종하고자 하는 본성을 주셨습니다. 이처럼 남편과 아내에게 두신 하나님의 질서는 하나님이 본래 남자와 여자를 지으실 때부터 정해진 본질적인 질서입니다. 그것은 어떤 사회 상황이나 시대적인 흐름에 따라 만들어진 것이 아니라 창조 때부터 이미 정해진 하나님의 질서이기 때문에 시대나 문화에 따라 변경될 수 없습니다.

남편이 아내의 머리가 됨

에베소서 5:23
이는 남편이 아내의 머리 됨이 그리스도께서 교회의 머리 됨과 같음
이니 그가 바로 몸의 구주시니라
에베소서 5:24
그러므로 교회가 그리스도에게 하듯 아내들도 범사에 자기 남편에게
복종할지니라

하나님은 하나님 나라의 질서 안에서 남편을 아내의 머리로 삼으셨습니다. 이것이 하나님 나라에 세워진 영적 질서입니다. 이 질서는 남편들의 모임이나 남성 위원회와 같은 사람들의 의견으로 만들어진 게 아닙니다. 이미 만세 전에 하나님이 이 세상을 지으실 때 세운 창조질서입니다. 다만 이 질서는 육신을 가지고 이 세상을 살 동안에 지켜야 하는 질서입니다.

누구든지 하나님이 내신 말씀에 순종하는 자에게는 하나님의 복이 주어집니다. 그리고 하나님이 내신 그 말씀에 불순종하는 사람에게는 그에 따른 심판이 주어집니다. 그래서 자기 남편에게 복종하는 아내는 하나님의 사랑을 받고 그에 따른 복이 주어집니다. 남편이라는 사람에게 복종했기 때문에 남편이 아내

에게 감사해서 복을 주는 것이 아닙니다. 남편은 아내에게 복을 줄 능력이 없습니다. 남편에게 복종하라고 하신 하나님의 말씀에 복종했기 때문에 그 말씀을 하신 하나님이 아내에게 복을 주시는 것입니다.

그러므로 남편이 순종할만한 자격이 있든지 없든지 그것은 하나님의 말씀에 순종하는데 조건이 되지 않습니다. 하나님을 상대로 사는 아내는 남편의 조건과 상관없이 하나님의 말씀에만 순종하면 되기 때문에 남편에게 복종하는 것이 어렵지 않습니다.

하나님이 남편을 자신의 머리로 세우신 것을 인정하는 아내는 교회가 머리되신 그리스도에게 복종하듯 남편에게 복종할 수 있습니다. 아내가 하나님의 말씀에 순종하기 위해서는 남편의 부족한 부분들을 하나님께 맡기는 믿음이 있어야 합니다. 그렇게 하지 않고 남편의 부족한 부분으로 인해 아내가 자신에게 하신 하나님의 말씀에 순종하지 않으면 남편과의 문제가 아니라 하나님과의 관계에 문제가 생깁니다. 그러면 남편의 부족한 문제보다 아내의 문제가 더 심각하게 됩니다. 그러나 하나님의 말씀에 순종하여 부족한 남편에게 복종하며 섬길 때 하나님은 그 아내를 축복해주실 뿐만 아니라 남편의 문제를 다루실 것입니다.

하나님은 남자를 지으실 때 그 안에 하나님의 형상을 닮은 권위를 주셨습니다. 그리고 하나님은 아내에게 하나님의 권위를 가진 남편에게 복종하도록 만드셨습니다. 하나님께서는 여자의 마음에는 남편에게 복종하고자 하는 마음을 이미 주셨기 때문에 여자에게는 남편에게 복종하라고 말씀하셨습니다. 하나님은 여자가 남자에게 복종할 수 없도록 만드신 후에 억지로 복종하도록 강요하신 것이 아닙니다. 하나님은 먼저 남자에게 권위를 주신 후에 여자에게 남자의 권위에 순종하려는 마음을 주신 것입니다.

그래서 남자는 자신이 아무리 부족해도 아내로부터 자신의 권위를 인정받으려는 마음이 있습니다. 다른 사람에게는 칭찬받을 일이 없어도 아내로부터는 격려와 칭찬을 받으려는 마음이 있습니다. 이것은 남자 스스로 갖는 마음이 아니라 하나님께서 남자를 창조하실 때부터 주신 마음입니다.

창세기 3:16

또 여자에게 이르시되 내가 네게 임신하는 고통을 크게 더하리니 네가 수고하고 자식을 낳을 것이며 너는 남편을 원하고 남편은 너를 다스릴 것이니라 하시고

이처럼 남자와 여자는 하나님이 만드신 창조 원리대로 살 때 가장 행복한 삶을 살게 됩니다. 즉, 하나님이 창조하신 본래의 특성에 따라 남자는 남자답게, 여자는 여자답게 살 때 가장 행복합니다. 만약 세상 원리를 따라 하나님의 창조 원리를 거슬러 살면 그 사람의 영혼과 인생은 곤고하게 됩니다. 그것은 마치 자기를 찌르는 가시가 밉다고 가시채를 뒷발질하는 삶과 같습니다.

그러므로 남편을 영적으로 세우고자 하는 아내라면 다른 많은 일을 하는 것보다 하나님 앞에서는 남편의 권위를 세워주고, 그 권위에 순종하는 것이 가장 큰 일을 하는 것입니다. 그것이 가정을 세우기 위해 아내가 해야 할 가장 중요한 일이기 때문입니다.

하나님이 쓰신 위대한 사람들의 뒤에는 기도하는 어머니와 기도하는 아내가 있었습니다. 하나님 말씀에 순종하는 아내가

하나님 앞에는 가장 아름답고 하나님의 사랑받는 여인입니다.

> 잠언 31:30
> 고운 것도 거짓되고 아름다운 것도 헛되나 오직 여호와를 경외하는
> 여자는 칭찬을 받을 것이라

　이 세상에서 가장 큰 행복은 하나님의 말씀을 사랑하고 순종하는 사람에게 주어집니다. 지위와 재물을 많이 가진다해도 하나님 말씀대로 살지 못하는 사람에게는 행복이 주어지지 않습니다. 세상에서 가장 불행한 사람은 하나님 말씀에 순종하지 못하는 사람입니다. 사람은 인생의 주인 되신 하나님의 말씀을 거슬러 살 때 불행해지기 때문입니다. 아무리 많은 재산과 높은 지위를 가져도 하나님의 말씀에 순종하지 못하는 사람의 영혼은 행복이 없습니다.

　이처럼 하나님의 말씀에 순종하는 부부가 가장 행복한 삶을 살 수 있습니다. 불행한 남편과 아내가 되는 이유는 세상의 어떤 것이 부족해서라기보다는 하나님 말씀대로 살지 않는 불순종 때문입니다. 남편에게 순종하지 못하는 여자는 다른 모든 것을 다 이루는 능력있는 삶을 살 수는 있으나 그 영혼은 곤고하

게 됩니다. 가정에서 자기가 원하는 대로 남편을 주장하고, 남편의 머리 위에 있을 수는 있으나 그것으로 행복을 누릴 수는 없습니다. 하나님의 말씀을 불순종하는 죄가 있으면 하나님이 주시는 행복과 평강을 누릴 수 없기 때문입니다.

남편에게 순종하지 못하는 아내의 마음은 지옥처럼 괴로울 뿐입니다. 이것은 남편에게 순종하지 못하는 인간적인 문제가 아니라 아내에게 순종하라고 말씀을 하신 하나님께 불순종하는 영적인 문제이기 때문입니다.

그러나 하나님의 말씀에 순종하여 남편에게 복종하는 여자는 하나님께 칭찬을 받을 것입니다. 사라가 자기 남편을 '주'라고 부르며 순종할 때 하나님께서 그녀를 열방의 어미가 되게 하셨습니다. 주께 하듯 남편에게 순종하는 아내는 하나님께서 많은 여인의 어미가 되게 하실 것입니다.

나누어 보기

1. 하나님이 가정의 질서를 지키기 위해 아내에게 내신 원리는 무엇
   인지 나누어 보세요.

2. 아내가 남편에게 복종해야 하는 이유는 무엇인지 나누어 보세요.

3. 아내는 남편에게 어떤 자세로 복종해야 하는지 나누어 보세요.

Chapter 3

하나님이 내신 남편의 원리

"남편들아, 아내를 사랑하라"

골로새서 3:19

남편들아 아내를 사랑하며 괴롭게 하지 말라

하나님 앞에 건강하고 행복한 가정을 이루기 위해서는 남편과 아내가 각각 자신의 책임과 의무를 감당해야 합니다. 자기 할 일을 배우자에게 미루거나, 하지 않으면 부부는 하나님 앞에 서로의 관계가 막히게 됩니다. 하나님이 가정에 두신 남편과 아내에게 주신 말씀에 순종하지 않기 때문입니다.

결혼한 이후 가정을 하나님의 말씀 중심으로 세우지 않는 부부는 하나님의 성령을 떠나 인간의 혈과 육의 원리를 따라 사는 육신적인 부부가 됩니다. 그런 가정은 하나님이 함께하시지 않기 때문에 세상에서 들어오는 죄의 세력을 이길 수 없습니다.

가정이 죄에 무너지는 것을 막기 위해서는 먼저 남편과 아내가 하나님께서 각자에게 주신 말씀을 순종함으로 자기 위치에서 책임을 감당해야 합니다. 하나님은 가정에서 아내의 책임에 이어 이번에는 남편이 감당해야 할 말씀을 주십니다.

하나님은 남편이 아내에게 해야 할 것과 하지 말아야 할 것을 말씀하십니다. 남편이 아내에게 해야 할 것은 자기 아내를 사랑하는 것입니다. 그리고 아내에게 하지 말아야 할 것은 자기 아내를 괴롭히는 것입니다.

01
남편이 아내에게 해야 할 것

하나님의 복이 있는 가정이 되기 위해서는 남편과 아내가 각자 감당해야 할 것이 있습니다. 아내가 남편에게 순종하는 책임을 감당해야 하듯이 남편들도 아내에 대한 책임을 감당해야 합니다.

아내를 사랑하라

　남편이 아내를 위해 할 수 있는 최고의 일은 아내를 사랑하는 것입니다. 남편이 아무리 다른 많은 것으로 아내를 위해 헌신해도 자기 아내를 사랑하는 것보다 더 중요한 일은 없습니다.

　하나님은 여자를 지으실 때 그 마음에 남편을 사모하고 순종하며 따를 마음을 먼저 주신 후에 남편에게 순종하라고 말씀하셨습니다. 이처럼 하나님은 사람을 인격적인 존재로 만드셨습니다. 마찬가지로 하나님은 남자들의 마음에 이미 창조 때부터 아내를 사랑하고자 하는 마음을 넣어주셨습니다. 그런 후 남자들에게 하나님이 주신 그 마음을 따라 자기 아내를 사랑하라는 말씀을 주셨습니다. 그러므로 남편이 아내를 사랑하는 것은 어렵지 않고 자연스러운 것입니다. 하지만 남편이 아내를 사랑하는 것이 자연스럽지 않고 어려운 이유는 순종할 수 없도록 죄가 방해하기 때문입니다.

　세상에서 가장 불행한 남자는 남자에게 하신 하나님의 말씀대로 살지 않고 하나님의 창조원리를 거슬러 사는 사람입니다. 결혼한 남자가 불행한 삶을 사는 이유는 직장이 없거나 가진 재산이 없기 때문이 아니라 아내에게 하라고 하신 하나님의 말씀에 순종하지 못하기 때문입니다. 실제로 아내를 사랑하지 못하는 남자만큼 불행한 사람이 없습니다. 가정에 들어와서도 자기 아내를 사랑하지 못하는 남편은 혼자의 삶을 살 뿐입니다. 아내를 사랑하지 못하는 남편의 마음 자체가 가장 고통스러운 삶입니다.

세상에서 많은 재물과 높은 명예를 가져도 가정에서 아내를 사랑할 수 없는 마음이 기쁨과 만족을 모두 빼앗아갑니다. 이것은 아내를 사랑하라는 하나님의 말씀을 불순종하는 죄로부터 주어지는 형벌입니다.

그러나 어떤 어려움이나 부족함이 있어도 자기 아내를 사랑하는 남편의 마음에는 기쁨과 평강이 있습니다. 하나님의 말씀에 순종하는 자에게 주시는 하나님의 축복이 있기 때문입니다.

아내를 사랑할 때 그 방법과 기준은 사람마다 천차만별입니다. 많은 사람이 자기 나름대로 사랑의 기준을 세워 최선을 다하며 그것이 사랑이라고 생각합니다. 하지만 사랑의 기준이 자신이기 때문에 아내는 사랑이라고 느끼지 못할 수 있습니다. 그래서 하나님은 남편이 아내를 사랑하는 기준을 제시하십니다.

그것은 그리스도께서 교회를 사랑하시고 그 교회를 위하여 자신을 주신 것 같이 아내를 사랑하는 것입니다.

에베소서 5:25
남편들아 아내 사랑하기를 그리스도께서 교회를 사랑하시고 그 교회를 위하여 자신을 주심 같이 하라

조건 없는 사랑

예수 그리스도가 교회를 사랑하는 그 사랑은 죄인을 용서하는 사랑입니다. 예수님의 사랑에는 조건이 없습니다. 어떤 계층의 사람이나, 어떤 부류의 죄인들까지도 사랑하는 아가페 사랑입니다. 이런 사랑은 하나님으로부터 나오며 오직 죄인을 용서할 수 있는 사람만 할 수 있습니다. 그러므로 예수 그리스도의 십자가로 용서를 받은 사람만이 남의 죄를 용서하는 아가페 사랑을 할 수 있습니다.

이처럼 남편도 아내를 사랑할 때 조건적인 사랑이 아닌 죄인을 사랑하는 무조건적인 사랑을 해야 합니다. 이런 사랑을 하기 위해선 남편이 먼저 예수 그리스도의 십자가 사랑을 체험해야 합니다. 자기 죄를 깊이 깨닫고 회개하여 죄 사함의 은혜를

체험한 사람은 모든 죄인을 사랑할 수 있습니다. 그러므로 결혼을 하여 자기 아내를 사랑하기 위해서 남자는 먼저 결혼 전에 주님이 주시는 십자가를 통한 깊은 회개와 용서의 사랑을 받는 것이 필요합니다. 그래야 자기 아내를 있는 모습 그대로 사랑할 수 있습니다.

하지만 주님께 자신의 죄와 허물을 용서받은 경험이 없는 사람은 다른 사람의 죄와 허물을 용서하고 사랑할 능력이 없습니다. 그래서 결혼 후에도 아내가 사랑을 받을 행동을 할 때만 사랑하는 조건적이고 이기적인 사랑을 할 수밖에 없습니다. 또한 아내의 실수와 허물을 정죄하고 비난하는 사단의 고소에 빠집니다.

아내가 사랑받을 자격이 있을 때까지 아내를 변화시키려 하는 사람은 결코 자기 아내를 사랑할 수 없습니다. 사랑이 없는 남편에 의해 아내는 절대 변화되지 않기 때문입니다. 그러나 남편이 부족한 아내를 사랑할 때 하나님은 그 아내를 더 사랑스러운 사람으로 변화시켜 주십니다.

희생적인 사랑

예수 그리스도가 교회를 사랑한 그 사랑은 죄인을 위해 십자가에 자신의 목숨까지 내어주신 희생적인 사랑입니다. 남편은 자기 아내를 사랑할 때 아내를 위해 자기 목숨을 버릴 마음으로 사랑해야 합니다. 하나님께서 여자를 만드실 때 남편의 보호를 받으며 살도록 지으셨기 때문입니다. 남편을 아내의 머리로 세우신 이유는 아내의 생명을 보호하기 위해 예수님처럼 자기 생명을 희생할 수 있어야 한다는 책임을 주신 것입니다. 선한 목자 되신 예수님이 양을 위해 자기 목숨을 버리신 희생이 한 영혼을 향한 목자의 사랑입니다.

남편이 자기 갈비뼈로 만든 아내를 사랑하는 일은 곧 자기 자신을 사랑하는 것입니다. 그러므로 아내를 사랑하는 만큼 자신에게도 하나님의 사랑이 채워지게 됩니다. 반면 아내를 사랑하지 못하는 남편은 하나님의 사랑이 메마르게 됩니다. 하나님의 사랑이 고갈되어 영적 생명이 핍절하게 됩니다.

에베소서 5:28
이와 같이 남편들도 자기 아내 사랑하기를 자기 자신과 같이 할지니 자기 아내를 사랑하는 자는 자기를 사랑하는 것이라 그러므로 남편은 아내를 사랑하는 만큼 자기 인생이 사랑으로 풍성해집니다. 그래서 아내를 사랑하는 남편이 가장 행복한 남자가 되고, 자기 남편에게 사랑받는 아내도 세상에서 가장 행복한 여자가 됩니다. 세상의 좋은 것을 다 가지고 다른 모든 사람의 사랑을 받아도 남편으로부터 사랑받지 못하는 아내는 불행합니다. 아내의 마음은 남편의 사랑으로만 채울 수 있기 때문입니다.

세상에서 가장 행복한 여자는 '남편에게 사랑받는 여자'라면 반대로, 가장 불행한 여자는 세상 모든 것을 다 갖고도 '남편에게 사랑받지 못하는 여자'라고 할 수 있습니다.

사람은 본성적으로 누군가를 온전히 사랑할 수는 없습니다. 사람은 누구나 육신의 소욕이 있으며 온전하지 않기 때문입니다. 사랑은 하나님의 말씀에 의지적으로 순종하고자 하는 훈련으로 됩니다. 남편이 아내를 사랑하기 위해 자기를 부인하고 자기 십자가를 지는 훈련이 필요합니다. 십자가의 희생이 없는 사랑은 온전한 사랑이 아닙니다. 예수님도 죄인을 사랑하시기 위해 자신의 가장 소중한 목숨을 희생하는 값 지불을 해야만 하셨습니다.

남편은 아내를 사랑할 때 자신의 소중한 것을 기꺼이 희생해야 합니다. 자존심을 지키려는 마음과 낮아지기 싫어하는 자기 의까지도 희생하고자 할 때 아내를 사랑할 수 있습니다.

아내에게 진심을 담아 사랑한다는 말 한마디를 하는데도 자신의 마음을 깨트리는 희생이 필요합니다. 아내의 연약함을 감당하고 용납하기 위해서는 자기 의를 십자가에 못 박는 값 지불이 필요합니다. 아내를 사랑하기 위해 자신의 육체적인 희생뿐만 아니라 마음의 의지를 드리는 희생적인 자세가 필요합니다.

사랑은 자기 유익을 구하지 않으며, 모든 것을 참고 믿음으로 견디는 것입니다. 그런 값 지불을 하는 것이 어려워서 사랑을 포기하는 사람이 많습니다. 그러나 남편이 아내를 사랑하기 위해 하는 모든 값 지불은 자신을 위한 것입니다. 아내를 사랑하는 것이 자기 몸을 사랑하는 것이며, 하나님 말씀에 순종하는 상급이 있는 일이기 때문입니다.

아내의 말을 들으라

하나님은 남자인 아담에게 돕는 배필로 여자를 주셨습니다. 하나님이 보실 때 남자 혼자서 하나님을 섬기는 일이 온전하지 않기 때문입니다. 그래서 남편은 가정에서 아내의 도움이 필요합니다. 또한 남편은 어떤 일을 할 때 아내와 상의하고, 함께 결정해야 합니다. 남편이 의논하고 상의해야 할 우선적인 사람은 부모나 가까운 친구가 아닙니다. 자기 자녀까지도 먼저 상의할 사람이 아닙니다. 남편이 최우선으로 함께 나누며 상의할 사람은 바로 아내입니다.

하나님이 남자의 부족한 면을 돕기 위해 여자를 통해 동역하게 하시고, 여자의 부족한 면을 보완하기 위해 남자를 통해 동역하게 하셨기 때문에 남편과 아내가 동역이 될 때 온전한 분별력과 에너지가 나오게 됩니다. 하나님은 물론 예배 말씀이나 기도를 통해서도 말씀을 주시지만, 가장 가까운 관계인 아내를 통해서 하나님의 뜻을 많이 알려주십니다. 그러므로 자기 아내의 말을 무시하는 사람은 하나님의 결정적인 말씀을 놓칩니다.

빌라도는 아내의 말을 듣지 않아 역사상 가장 큰 실수를 했습니다. 예수님을 재판할 때 아내로부터 '그는 옳은 사람이니 당신이 상관하지 말라'는 말을 들었지만, 아내의 말을 무시했습니다. 하나님이 아내를 통해서 주는 말씀을 무시한 것입니다.

아내를 통해 주시는 하나님의 말씀을 무시하는 남편은 자기 아내의 말을 들을 때까지 하나님께서 그에게 다른 음성을 주시지 않을 때도 있습니다. 아내와 바른 관계가 되지 않은 남편은 하나님과의 관계에서 기도가 막히기 때문입니다.

베드로전서 3:7
남편들아 이와 같이 지식을 따라 너희 아내와 동거하고 그를 더 연약한 그릇이요 또 생명의 은혜를 함께 이어받을 자로 알아 귀히 여기라 이는 너희 기도가 막히지 아니하게 하려 함이라

그러므로 남편들은 아내를 통해 말씀하시는 하나님의 말씀을 듣기를 힘써야 합니다. 특별히 자신보다 아내의 신앙이 더 좋은 경우에는 자기 의견을 주장하기 보다 아내를 통해 주시는 하나님의 말씀을 겸손히 받아들여야 합니다.

02
남편이 아내에게 하지 말아야 할 것

하나님은 남편에게는 특별히 아내에게 하지 말아야 할 것을 말씀하십니다. 많은 남편이 자기 아내에게 하지 말아야 할 일을 하여 아내를 괴롭게 하는 것을 아시기 때문입니다.

하나님은 남편에게 아내를 괴롭게 하지 말라고 말씀하십니다. 괴롭힌다는 뜻은 다른 사람을 고통스럽게 하여 화나게 하는 것입니다. 아내는 남편보다 정서적으로 더 연약하고, 육체적으로도 남자보다 약하게 지어졌습니다. 그래서 연약한 아내의 마음과 몸을 괴롭게 하지 말아야 합니다.

> 베드로전서 3:7
> 남편들아 이와 같이 지식을 따라 너희 아내와 동거하고 그를 더 연약한 그릇이요 또 생명의 은혜를 함께 이어받을 자로 알아 귀히 여기라 이는 너희 기도가 막히지 아니하게 하려 함이라

남자는 아내를 귀하게 여기며 괴롭히지 않아야 하나님과의 관계에서 기도가 막히지 않습니다. 하나님의 말씀에 순종할 때 하나님과의 관계가 풍성하게 됩니다. 하지만 교회에서 많은 일을 하며 충성해도 가정에서 아내를 사랑하지 못하고 괴롭히는 사람은 하나님과의 관계가 막힙니다. 아내를 괴롭히는 행동이 하나님의 근심이 되기 때문입니다. 그러므로 하나님과 형통한 관계를 가지려면 먼저 자기 아내와의 관계를 회복해야 합니다.

자기 아내를 괴롭게 하지 않고 아내의 기쁨이 되는 남편이 되려면 먼저 하나님의 기쁨이 되는 삶을 살아야 합니다. 하나님의 말씀에 순종하며 사는 남편을 볼 때 아내는 하나님이 주시는 소망과 기쁨을 갖게 됩니다. 반면 하나님 말씀을 불순종하며 사는 남편을 보는 아내의 마음은 심히 괴롭습니다. 이런 남편일수록 연약한 아내의 마음을 괴롭히며, 아내를 육체적으로 혹사할 뿐 아니라 혈기와 폭력으로 학대합니다. 그것은 가정을 보호하라고 세워준 가장의 역할을 포기하고 가정을 죄에 내어주어 가정을 파괴하는 죄입니다.

아내를 사랑하는 남편은 아내의 기쁨이 되지만, 아내를 사랑하지 못하는 남편은 그 자체로 아내를 괴롭히는 것입니다. 남편들은 사회나 교회에서 큰 일을 하는 것으로 사람에게 기쁨이 되려고 하기보다 가정에서 자신에게 주신 아내를 사랑하라는 하나님의 말씀에 순종하여 하나님의 기쁨이 되어야 합니다.

아내는 남편에게 큰 것을 바라지 않습니다. 아내가 필요로 하는 작은 것에 관심을 가지고 자신의 형편을 배려해주기를 원합니다. 그것이 아내가 원하는 사랑의 표현이기 때문입니다. 그러므로 남편은 일상생활에서 아내가 괴로움을 겪는 일이 무엇인지 관심을 가져야 합니다. 아내는 큰 문제보다 남편과의 작은 문제 때문에 마음이 상하는 경우가 많습니다. 남편은 아내가 어떤 일로 마음이 상하며 괴로워하는지 잘 알아야 합니다.

아내의 말을 들어주지 않는 것입니다.

아내는 자기가 하는 말을 남편이 잘 들어주지 않고 무시할 때 마음이 상합니다. 아내는 자기가 관심을 가지고 있는 것에 남편도 관심을 가져주기 원합니다. 남편의 생각에는 비록 사소한 것 같아도 아내는 자기 말을 들어주는 자체를 중요하게 여기기 때문입니다. 그러므로 남편들은 아내가 하는 말을 경청하는 연습을 해야 합니다. 그래야 아내의 마음을 괴롭게 하는 죄를 짓지 않게 됩니다.

아내와 상의 없이 혼자 결정하는 것입니다.

가정의 일을 아내와 상의하지 않고 남편 혼자 결정하고 처리할 때 아내의 마음이 괴롭습니다. 이는 가정에서 남편을 돕는 배필로서 아내의 존재가 무시되기 때문입니다. 아내는 남편이 하는 모든 일에 함께 동역하는 동반자의 위치에 있기를 원합니다. 아내는 남편이 하는 일, 가정과 자녀에 관한 일, 남편이 계획하고 있는 생각들을 서로 나누기를 원합니다. 그리고 모든 일을 아내와 함께 상의하고 결정하기를 원합니다. 그러므로 남편의 중요한 결정에 아내를 소외시킬 때 부부간의 신뢰와 사랑이 손상됩니다.

아내의 섬김에 반응이 없는 것입니다.

아내가 남편을 위해 섬긴 것에 대해 아무 반응이 없을 때 아내의 마음이 괴롭습니다. 남편을 위해 정성스럽게 음식을 준비했는데도 감사나 칭찬의 말이 없을 때 아내는 자신의 사랑과 섬김이 무시당하는 것 같아서 마음이 괴롭습니다. 남편이 아내의 섬김을 당연시하거나 무시할 때 아내는 남편을 섬길 의욕을 잃게 됩니다. 아내는 남편이 자신의 섬김과 사랑을 감사하게 여기며 칭찬과 격려의 말을 해줄 때 사랑을 느끼며 용기를 얻게 됩니다.

대화가 없는 것입니다.

아내와 인격적인 대화를 못하는 남편은 아내의 마음을 괴롭게 합니다.

아내는 남편과 친밀한 관계를 이루기 위해 대화를 하려고 하지만 남편은 대화하는 것을 두려워하여 피하려고 합니다. 그리고 아내는 서로의 마음을 나누는 인격적인 대화를 하려고 하는데 남편이 사무적인 말로 대화를 끊을 때 아내의 마음은 상하게 됩니다.

아내는 서로 마음을 나누는 자체로 대화를 즐깁니다. 그래서 남편이 결론 중심으로 요약하려고 할 때 아내는 관계가 막히는 고통을 느낍니다. 아내가 하는 대화 자체를 남편이 존중하며 경청해줄 때 아내는 남편에게 사랑을 느낍니다.

형식적인 종교생활을 하는 것입니다.

남편이 교회를 다니면서도 하나님의 영적인 일에는 무관심한 종교적인 모습을 보일 때 아내의 마음은 괴롭습니다. 남편이 교회에서 사람에게 보이기 위한 인간적인 신앙을 하고 하나님의 말씀과 상관없이 사는 모습을 볼 때 아내는 남편과 영적으로 단절되는 아픔을 느낍니다.

어떤 남편은 아내와 부부 싸움을 한 뒤에 '이제부터 교회 안

간다'는 말로 아내의 마음을 괴롭힙니다. 하나님을 위해 사는 아내는 형식적인 종교생활을 하는 남편과 사는 그 자체가 괴롭습니다. 그러므로 결혼 전에 남자와 여자가 하나님 나라의 비전을 갖고 한 영이 될 때 결혼해야 합니다.

말씀을 듣지 못하는 것입니다.

아내는 남편이 예배를 드릴 때 깊은 잠에 빠져 말씀을 듣지 못하고 믿음이 자라지 않는 모습을 볼 때 마음이 괴롭습니다. 하나님보다 세상일에 우선권을 두는 마음이 있으면 하나님의 말씀이 들리지 않습니다. 아내와 한마음이 되려면 먼저 하나님 안에서 같은 영을 가져야 합니다.

세상을 끊지 못한 것입니다.

교회에 다니면서도 아직 세상 것이 끊어지지 않은 남편은 아내의 마음을 괴롭게 합니다. 주일만 되면 세상 친구를 따라 놀러 가고, 세상에 사소한 일만 있어도 주일을 어기며, 하나님의 일을 포기하는 남편을 보면 아내의 영혼은 괴롭습니다. 아직 끊어지지 않은 인터넷, 드라마나 영화, 게임, 오락이 부부 관계

를 어렵게 합니다. 부부가 한 영이 되기 원한다면 주님 안에서
세상 것을 끊는 결단이 필요합니다.

집안일에 무관심한 것입니다.

직장 생활을 하는 남편의 수고가 많은 것처럼 가정을 돌보
고 자녀를 양육하는 아내의 수고도 만만치 않습니다. 더구나 직
장 생활을 하며 가정을 돌봐야 하는 아내일 경우 남편의 도움이
많이 필요합니다. 이런 아내의 형편을 돌보지 않은 채 자기를
주장하고 가정 일을 돕지 않는 남편은 아내의 마음을 힘들게 합
니다.

섬기지 않고 섬김만 받고자 하는 사람은 자기 배우자를 괴
롭게 하기 때문입니다. 섬김을 받고자 하는 사람의 마음에는 불
평이 있습니다. 그러나 남을 섬기는 사람의 마음에는 하나님이
주시는 평안과 기쁨이 있습니다. 아내의 필요를 섬기는 것이 자
기 아내를 사랑하는 표현입니다.

자녀교육에 무관심한 것입니다.

자녀교육에는 각각 아버지가 해야 할 부분과 어머니가 해야

할 부분이 있습니다.

그러나 자녀교육을 아내에게만 맡기고 무관심하다가 어떤 문제나 어려움이 생기면 모든 책임을 아내 탓으로 돌리는 남편은 아내를 괴롭게 합니다. 자녀교육은 가장인 아버지가 주도적으로 이끌어야 할 영적인 사명입니다.

아내를 괴롭게 하는 남편은 하나님의 마음도 괴롭게 합니다. 하나님의 말씀을 존귀하게 여기는 사람은 아내도 존귀하게 여깁니다. 그리고 남편이 아내를 존귀하게 여길 때 다른 사람도 그 아내를 존귀하게 여길 뿐 아니라 남편도 존귀하게 대합니다. 그러므로 부부는 서로를 존귀하게 여기고 세워주는 관계가 되어야 합니다.

나누어 보기

1. 하나님이 남편에게 하라고 하신 한 가지 명령은 무엇인가요? 그것
   이 왜 중요한가요?

2. 우리에게 아내를 사랑하는 방법을 보여주신 예수 그리스도의 모
   습은 어떤가요?

3. 남편이 아내에게 하지 말아야 할 행동 중에 아내가 가장 힘들어하
   는 것은 무엇인가요? 아내를 대하는 나의 모습 중에 변화되어야
   할 것이 무엇인지 나누어 보세요.

Part 3

하나님이 내신
부모와 자녀

Chapter 1

하나님이 내신
부모와 자녀의 질서

"부모와 자녀는 하나님의 질서에 순종하라"

에베소서 6:1

자녀들아 주 안에서 너희 부모에게 순종하라 이것이 옳으니라

에베소서 6:2

네 아버지와 어머니를 공경하라 이것은 약속이 있는 첫 계명이니

에베소서 6:3

이로써 네가 잘되고 땅에서 장수하리라

에베소서 6:4

또 아비들아 너희 자녀를 노엽게 하지 말고 오직 주의 교훈과 훈계로 양육하라

가정의 행복은 저절로 주어지지 않습니다. 가족 구성원 모두가 함께 노력하고 헌신하는 만큼 만들어집니다. 좋은 나라가 되기 위해서 모든 국민이 법과 질서를 잘 지켜야 합니다. 이렇듯 행복한 가정이 되기 위해선 가족 구성원이 하나님이 두신 질서를 잘 지켜야 합니다.

우리는 나라가 잘 살고, 좋은 직장을 다니는 그 자체만으로는 행복할 수 없습니다. 모든 것이 다 좋을지라도 자기 가정이 건강하지 않으면 그 사람은 결코 행복할 수 없기 때문입니다. 인간은 누구나 부모를 통해 가정에서 태어나, 가족 관계를 통해 모든 것이 이루어지는 삶을 살아갑니다. 그러므로 부모와 자녀의 관계, 남편과 아내의 관계는 우리 인간에게 가장 기본적인 인간관계입니다. 우리 삶에 가장 밀착된 가족관계가 건강할 때 우리 영혼이 행복할 수 있습니다.

그래서 나라가 아무리 잘 살아도 자기 가정의 관계가 어려우면 고통스러운 삶을 살게 됩니다. 그러나 세상이 힘들고 어려워도 자기 가정 안에서 행복을 누리는 사람은 그 가족들과 함께 행복한 삶을 누릴 수 있습니다. 가장 건강한 가정은 하나님이 내신 말씀이 시행되는 가정입니다. 부모와 자녀의 관계, 그리고 남편과 아내의 관계가 하나님이 내신 말씀대로 이루어지는 가정이 가장 건강한 가정입니다. 하나님은 그런 가정을 하나님의 은혜와 기쁨으로 보호하십니다. 부모와 자녀 사이에 가장 건강한 관계가 되려면 각자가 하나님의 말씀을 지켜야 합니다.

01
자녀가 지켜야 할 질서

    자녀의 행복은 하나님께서 자녀에게 주시는 말씀을 지킬 때 주어집니다. 하나님께서 자녀에게 주시는 말씀은 부모와의 관계에 관한 것입니다. 자녀의 행복은 하나님께서 자기 부모에게 하라고 하신 말씀에 순종할 때 주어집니다.

주 안에서 부모에게 순종하라

가정에서 자녀가 지켜야 할 가장 중요한 말씀은 부모에게 순종하라는 말씀입니다. 이 말씀은 하나님께서 부모를 위해 주신 말씀이 아니라 자녀를 위해 주신 말씀입니다. 즉, 이 말씀은 가정에서 부모가 축복받기 위해서 하나님이 주신 말씀이 아니라 부모의 말씀에 순종하는 자녀를 축복하기 위해서 주신 말씀입니다.

사람의 생명과 축복, 저주를 주관하시는 분은 하나님이십니다. 하나님은 하나님의 말씀에 순종하는 자에게 복을 주시고 불순종하는 자에게 저주를 주십니다. 자녀가 부모에게 순종하라는 말씀을 지킬 때 하나님께서 자녀를 축복하시고 잘 되게 하십니다.

신명기 28:2
네가 네 하나님 여호와의 말씀을 청종하면 이 모든 복이 네게 임하며 네게 이르리니

신명기 28:15

네가 만일 네 하나님 여호와의 말씀을 순종하지 아니하여 내가 오늘 네게 명령하는 그의 모든 명령과 규례를 지켜 행하지 아니하면 이 모든 저주가 네게 임하며 네게 이를 것이니

비록 부모가 지식이나 인격이 부족할지라도 그것이 부모를 공경하지 않아도 되는 합당한 이유가 될 수 없습니다. 하나님께선 '모든 것이 훌륭하고 완전한 부모에게만 순종하라'고 말씀하시지 않았기 때문입니다. 하나님께서 자녀에게 세워주신 부모이기 때문에 순종하라고 말씀하십니다. 그래서 자녀는 부모의 부족한 부분을 이유로 부모에게 불순종해서는 안 됩니다. 하나님을 대신하는 권위를 부모에게 주셨기 때문에 부모가 부족해 보여도 부모를 공경하는 마음으로 대해야 합니다.

창세기 9:20

노아가 농사를 시작하여 포도나무를 심었더니

창세기 9:21

포도주를 마시고 취하여 그 장막 안에서 벌거벗은지라

창세기 9:22

가나안의 아버지 함이 그의 아버지의 하체를 보고 밖으로 나가서 그의 두 형제에게 알리매

창세기 9:23

셈과 야벳이 옷을 가져다가 자기들의 어깨에 메고 뒷걸음쳐 들어가서 그들의 아버지의 하체를 덮었으며 그들이 얼굴을 돌이키고 그들의 아버지의 하체를 보지 아니하였더라

노아가 포도주에 취해 자녀들 앞에서 허물을 보인 일은 잘한 행동은 아닙니다. 하지만 자녀가 부모의 허물을 덮어주지 않고 다른 사람에게 전하는 행동은 하나님 앞에 부모의 권위를 존중하는 태도가 아닙니다. 그래서 자기 아버지를 공경하지 못한 함은 저주를 받게 되었습니다. 부모의 허물은 하나님이 처리하실 부분이며, 자녀 편에서는 자기에게 주신 하나님의 말씀을 순종해야 합니다.

하나님은 부모를 통해 자녀를 이 세상에 태어나게 하셨고 그 부모에게 자녀를 양육하는 책임을 맡기셨습니다. 자녀가 부모에게 하는 태도는 곧 보이지 않는 하나님께 하는 태도입니다. 그래서 부모에게 순종하며 자란 자녀는 신앙생활에서도 하나님의 말씀에 잘 순종합니다. 하지만 부모에게 불순종하며 자란 자녀는 신앙생활에서도 하나님과 목회자, 영적 권위자에게 불순종하고 무시하는 모습을 보입니다.

자녀가 '부모에게 순종하라'는 하나님의 말씀에 순종하지 않으면, 부모가 자녀를 책망하는 게 아니라 그 말씀을 하신 하나님께서 자녀를 책망하시고 징계하십니다.

자녀가 부모에게 순종할 때 지켜야 하는 기준은 부모를 '주 안에서' 순종하는 것입니다. 자녀가 부모를 순종하는 기준은 하나님의 말씀입니다. 부모를 순종할 때 하나님의 말씀을 거스르지 않는 방법으로 해야 합니다. 만약 하나님을 믿지 않는 부모가 자녀에게 제사를 지내라고 한다면 그것은 우상을 섬기지 말라는 하나님의 말씀에 불순종하는 것입니다. 그럴 땐 하나님의 말씀에 순종해야 합니다. 그리고 주일에 교회에 가지 말라는 부모의 말보다 안식일을 거룩하게 지키라는 더 큰 권위자인 하나님의 말씀에 순종하는 것이 먼저입니다. 그러나 동시에 부모를 공경하는 마음마저 버려서는 안 됩니다.

순종하는 자녀에 대한 약속

자녀가 하나님의 말씀에 따라 부모에게 순종하면 가정이 행복해지고 그 말씀에 순종한 자녀에게 하나님의 축복이 주어집니다.

인생이 잘됨

하나님은 부모를 공경하고 순종하라는 하나님의 말씀을 잘 지킨 자녀를 주 안에서 잘 되게 하신다고 약속하셨습니다. 왜냐하면 자녀가 부모에게 잘해서가 아니라 하나님의 말씀에 순종했기 때문입니다. 자녀가 부모에게 순종한 것은 부모 이전에 그렇게 하라고 하신 하나님께 순종하는 것이기 때문에 하나님이 축복하십니다.

부모와 좋은 관계를 가진 자녀는 마음에 하나님이 주시는 평안이 있습니다. 그리고 영적 권위자인 하나님과의 관계가 막히지 않기 때문에 모든 권위자를 공경하고 순종하는 사람이 됩니다. 반면 부모를 공경하고 순종하지 못하는 자녀는 부모와 관계가 어렵기 때문에 평안이 없어 어둡고 부정적인 사람이 됩니다. 또한 하나님의 말씀에 불순종했기 때문에 하나님은 물론,

다른 권위자와도 관계가 어렵습니다. 이처럼 하나님의 말씀에 불순종하면 죄에 묶이게 되고 아무리 노력해도 인생이 잘 풀리지 않습니다.

> 신명기 27:16
> **그의 부모를 경홀히 여기는 자는 저주를 받을 것이라 할 것이요 모든 백성은 아멘 할지니라**

이처럼 자녀의 인생은 부모와의 관계에 따라 결정됩니다. 부모와 자녀의 관계는 단순히 인간적인 관계가 아닌 하나님과의 영적인 관계이기 때문입니다.

그러므로 부모가 자기 자녀를 잘되게 하는 것은 그 자녀가 자기 부모를 공경하고 순종하도록 가르치는 것입니다. 그것은 부모의 인생을 행복하게 하는 것 이전에 그 자녀의 인생을 복되게 하기 때문입니다.

장수함

하나님은 부모를 잘 공경하고 순종하는 자녀에게 이 땅에서 장수하는 복을 주십니다. 생명은 우리의 소관이 아니라 하나님께 속한 문제입니다. 아무도 자기 생명을 연장하거나 줄일 수 없습니다. 죄가 없는 곳에는 죽음도 없습니다. 죄의 세력이 약했던 홍수 심판 이전에는 사람의 수명이 길었습니다. 그러나 홍수 심판 이후 죄악이 점점 심해지면서 사람의 수명도 짧아졌습니다. 자연적인 수명이 줄어들 뿐만 아니라 하나님의 심판으로 사람의 생명이 짧아졌습니다. 또 하나님은 죄에 대한 징벌로 전쟁을 일으켜 많은 사람이 죽게 하시고, 죄에 대한 심판으로 질병이나 재앙으로 죽게 하십니다.

오늘날에도 예측할 수 없는 사고와 재앙, 불치병 등으로 많은 사람이 수명을 다하기 전에 생명을 잃습니다. 하지만 하나님의 말씀에 순종하는 자녀는 하나님께서 모든 위험과 사고, 질병으로부터 보호하셔서 장수하게 하십니다.

02
부모가 지켜야 할 질서

　　하나님은 아비들에게 너희 자녀를 노엽게 하지 말고 주의 교훈과 훈계로 양육하라고 말씀하십니다. 이 말씀도 자녀를 위한 말씀이기 이전에 부모 자신을 위한 말씀입니다. 각 사람에게 주시는 하나님의 말씀은 그 사람에게 복을 주시기 위한 말씀입니다.

하나님은 가정을 지키고 자녀를 양육하는 책임을 맡은 아비가 자녀들에게 해야 할 것을 말씀하셨습니다. 행복한 가정이 되기 위해 부모가 가정에서 지켜야 할 규칙은 자녀를 노엽게 하지 말고 주의 교훈과 훈계로 양육하는 것입니다. 부모가 사람의 뜻에 따라 사람이 원하는 양육을 하게 될 때 그 자녀를 노엽게 할 수 있습니다. 하나님의 형상으로 지은 자녀를 세상의 말과 지식으로 가르치려 할 때 그 영혼이 괴롭게 됩니다. 자기 자녀를 하나님의 자녀로 키우고자 하는 사람은 하나님의 말씀으로 자녀를 양육하게 되고, 그럴 때 하나님께서 그 자녀를 친히 인도하실 것입니다.

자녀는 그 부모의 자녀이기 이전에 근본적으로 그 자녀에게 생명을 주신 하나님의 자녀입니다. 하나님께서 자녀를 출산하는 것과 양육과 교육을 부모에게 위탁하신 것입니다. 부모는 하나님으로부터 자녀 관리와 양육을 위임받은 청지기입니다. 그러므로 부모는 그 자녀가 하나님이 계획하신 뜻에 따라 하나님을 기쁘시게 하는 자녀로 양육해야 합니다.

부모가 하나님의 원리를 모르면 자녀를 자신의 소유로 생각합니다. 그래서 자녀에게 두신 하나님의 뜻을 이루기보다 부모의 뜻을 이뤄 부모의 기쁨이 되는 자녀로 양육하려고 합니다. 그래서 학벌에 열등감이 있는 부모는 자녀를 통해 열등감을 해결하려고 합니다. 그럴 때 자녀의 마음이 노엽게 될뿐더러 하나님이 만세 전부터 자녀를 향해 계획하신 뜻을 부모가 무효화시키게 됩니다.

하나님의 자녀는 오직 하나님의 말씀으로 양육할 때 그 자녀가 하나님의 사람으로 온전케 됩니다. 반면에 부모가 하나님의 말씀에서 벗어난 다른 것으로 자녀를 양육할 때 그 자녀의 영혼을 노엽게 합니다.

하나님의 말씀대로 살라

부모는 자녀를 가르치고 양육하는 최고의 위치에 있습니다. 자녀들은 부모가 하는 말보다 그 부모의 행동과 삶을 통해 더 많은 영향을 받습니다. 그러므로 자녀들에게 중요한 인격 형성은 대부분 가정에서 부모와의 관계 안에서 이루어집니다. 자녀들의 인생관과 세계관은 부모라는 창을 통해 형성되기 때문입니다.

부모가 아무리 말과 훈계로 하나님의 말씀을 가르쳐도 부모 자신이 가르친 말씀대로 살지 않으면 자녀는 그 부모로 인해 고통을 당합니다. 자녀는 하나님의 말씀대로 살려고 하고 하나님 나라를 위해 헌신하려고 하는데, 그 부모가 그렇게 살지 않을 때 자녀에게 큰 실망과 고통을 줄 것입니다.

자녀는 부모가 교회에서 경건한 모습을 보이다가 가정에서 반대로 행동할 때 부모에 대한 신뢰를 잃습니다. 부모가 거룩한 모습으로 예배를 드리고 가정에 와서는 미디어와 오락을 즐긴다면 자녀는 신앙에 대한 회의와 분노를 느끼게 됩니다.

올바른 자녀 교육은 좋은 말과 옳은 말씀으로만 되지 않습니다. 부모가 먼저 자녀에게 가르쳤던 말씀에 순종하는 삶을 살 때 자녀에게 영향을 줄 수 있습니다. 가정의 행복은 부모가 많은 재물과 능력을 갖추고 자녀를 위해 헌신한다고 생기지 않습니다. 가정의 행복은 하나님께서 각 사람에게 주신 말씀을 지킬 때 하나님께서 가정과 함께하심으로 주어집니다. 부모와 자녀가 각자 자신에게 주신 하나님의 말씀을 지킬 때 하나님께서 부모와 자녀의 관계에 복을 주십니다.

인격적인 부모가 되라

부모에게 주신 자녀는 하나님의 형상과 모양을 따라 지어진 독립적인 한 영혼입니다. 자녀는 부모의 인격적인 사랑을 통해 하나님의 사랑과 성품을 배웁니다. 그리고 자녀가 자신의 잘못과 죄를 인정하고 회개할 때 용서하고 사랑으로 격려해 주는 부모의 모습을 통해 예수님의 십자가의 사랑과 용서를 배웁니다.

그러나 십자가의 사랑과 용서를 모르는 부모는 자녀를 사랑과 칭찬으로 양육하는 것을 어려워합니다. 특히 유교적인 분위기에서 자란 부모는 자녀를 칭찬하고 격려하기보다 책망하고 비판할 때가 더 많습니다. 부모로부터 인정과 격려보다 책망과 비판을 받은 자녀는 마음에 낙심과 분노가 생깁니다. 어머니 뱃속에 있는 태아도 부모가 화를 내거나 비인격적인 행동과 말을 하면 얼굴을 찡그리며 분노하는 반응을 한다고 합니다. 이런 자녀는 태중에서부터 마음에 분노를 갖고 태어납니다.

자녀에게 짜증과 화를 많이 내고 학대하며 무시하는 부모에게서 자란 자녀는 다른 사람의 연약함을 사랑으로 포용하고 용서하는 것을 어려워합니다. 이런 자녀는 쉽게 분노하고 비판적이며 공격적인 성품을 갖게 됩니다.

자녀는 부모로부터 인격적인 대우와 사랑을 받기 원합니다. 그럴 때 존재 가치를 느끼기 때문입니다. 부모로부터 인격적인 대우와 사랑을 받지 못하면 자녀의 마음엔 부모에 대한 분노가 쌓입니다. 부모가 자녀를 칭찬과 격려, 따뜻한 사랑으로 대하며 하나님의 사랑을 알게 할 때 하나님께서 자녀를 하나님의 온전한 자녀로 키우십니다.

생명의 말을 하라

잠언 18:21
죽고 사는 것이 혀의 힘에 달렸나니 혀를 쓰기 좋아하는 자는 혀의 열매를 먹으리라

사람의 영혼을 살리고 죽이는 것이 그 혀의 말에 달렸다고 말씀합니다. 우리는 말로 다른 사람의 생명을 살리기도 하고 죽이기도 합니다. 태초에 하나님이 말씀으로 천지를 창조하신 말의 권세가 우리에게도 있기 때문입니다.

이처럼 가정 안에서 부모의 말로 인해 자녀가 살아나기도 하고, 자녀의 영혼에 상처를 주어 죽게 하는 경우도 있습니다. 많은 부모가 자신의 말로 자녀를 노엽게 합니다. 하나님께선 더러운 말은 입 밖에도 내지 말고 오직 선하고 남에게 은혜가 되는 말만 하라고 말씀합니다.

> 에베소서 4:29
> 무릇 더러운 말은 너희 입 밖에도 내지 말고 오직 덕을 세우는 데 소용되는 대로 선한 말을 하여 듣는 자들에게 은혜를 끼치게 하라

우리 입에서 나오는 말은 생명의 말과 사망의 말로 나뉩니다. 생명의 말은 하나님으로부터 나오는 말로써 듣는 사람의 영혼을 치유하고 격려하여 영혼을 회복시킵니다. 그래서 그런 말을 듣는 사람은 그 말을 통해 죽은 생명이 살아납니다. 그러나 사망의 말은 하나님께 불순종하는 사단으로부터 나오는 말입니다. 부정적인 말을 듣는 사람의 영혼이 상처받고 낙심하여 영적으로 죽게 됩니다.

말은 사람의 입에서 나오는 것이 아니라 우리 안에 있는 마음에서 나옵니다.

마태복음 12:34
독사의 자식들아 너희는 악하니 어떻게 선한 말을 할 수 있느냐 이는
마음에 가득한 것을 입으로 말함이라

부모는 평소 자신의 내면에 쌓은 인격에서 나오는 말을 자녀에게 합니다. 부모가 가정에서 자녀에게 생명의 말을 하려면 먼저 부모의 마음에 하나님의 선한 것을 쌓아야 합니다. 부모는 자신의 신앙 인격 이상으로 자녀를 대할 수 없기 때문입니다.

사망의 말

사망의 말은 그 안에 하나님의 사랑과 용서가 없는 말입니다. 주로 부정적인 마음에서 나오는 말로 다른 사람을 원망, 불평하며 정죄하고 비판합니다. 부모에게 사망의 말을 들은 자녀의 영혼은 고통당하며 죽게 됩니다.

우리는 다른 사람을 칭찬하고 격려하는 생명의 말만 하고 부정적으로 비난하는 말은 입 밖에도 내지 말아야 합니다. 사람은 자기가 한 말로 하나님께 심판을 받기 때문입니다.

마태복음 12:36

내가 너희에게 이르노니 사람이 무슨 무익한 말을 하든지 심판 날에 이에 대하여 심문을 받으리니

마태복음 12:37

네 말로 의롭다 함을 받고 네 말로 정죄함을 받으리라

부모가 자녀에게 부정적인 말을 하지 않으려면 자신이 먼저 하나님 앞에 긍정적인 믿음을 가져야 합니다. 부모는 자신의 신앙 인격만큼 자녀를 가르칠 수 있기 때문입니다.

생명의 말

생명의 말은 죽은 영혼에 예수 그리스도의 생명을 줍니다. 예수님의 말씀은 죽은 나사로를 살리시고, 죄인인 삭개오도 새 인생을 살게 하셨습니다. 그리고 예수님을 믿는 우리에게도 말씀의 권세를 주셨습니다. 생명의 말을 선포할 때 영혼이 살게 됩니다.

영혼을 살리고 회복시키는 언어는 하나님으로부터 오는 믿음의 말입니다. 그런 말은 하나님의 사랑과 용서에서 나오는 긍정적인, 소망의 언어입니다. 부모에게 사랑과 격려, 위로, 수용, 칭찬의 말을 듣고 자란 자녀는 하나님이 주시는 생기가 있습니

다. 그래서 얼굴이 밝고, 명랑하며, 자유함과 기쁨이 충만합니다. 또한 부모에게 생명의 말을 듣고 성장했기 때문에 영혼과 육체가 건강합니다. 마음에 상처가 없기 때문에 성격이 밝고 대인관계가 원만하며 마음이 따뜻하여 남을 배려하고 사랑할 줄 압니다. 그래서 다른 사람의 형편을 이해하며 격려하고 섬길 줄 아는 리더십을 가진 자녀가 됩니다. 이것이 긍정적인 부모의 말을 통해 자녀가 하나님의 형상이 회복되는 모습입니다.

반면 부모로부터 부정적인 말을 듣고 자란 자녀는 영혼이 고통당하며 영적 생명력이 죽게 됩니다. 그로 인해 얼굴이 어둡고 생기가 없이 차가운 사망의 그늘이 덮고 있으며, 그 입술에서 부정적인 사망의 말이 나옵니다.

한 초등학교에서 학생들에게 아빠, 엄마에게 편지를 쓰게 했습니다. 학생들은 대부분 "아빠, 엄마를 더 사랑해 주세요.", "엄마, 아빠에게 순종하는 모습을 보고 싶어요."라고 썼습니다. 아이들은 비록 나이가 어려도 부모의 모습을 정확히 보고 있습니다. 부모인 남편과 아내가 자녀 앞에서 하나님의 말씀대로 서로 사랑하며 순종의 관계로 사는 것이 가장 영향력 있는 자녀교육입니다.

이처럼 하나님의 말씀에 순종하는 부모의 삶을 통해 자녀가 하나님의 말씀에 순종하는 삶을 살게 됩니다.

나누어 보기

1. 자녀가 부모를 대하는 태도가 하나님을 대하는 모습과 동일하게 나타나는 이유는 무엇인가요? 나의 모습은 어떤지 나누어 보세요.

2. 부모가 자녀를 양육할 때 가장 중요한 원리는 무엇인가요? 나는 자녀에게 어떤 삶의 모습을 보여주었는지 나누어 보세요.

3. 부모의 말이 자녀에게 미치는 영향이 어떠한가요? 나는 자녀에게 어떤 말을 많이 하는지 나누어 보세요.

Chapter 2

하나님이 내신 자녀의 원리

"자녀들아, 부모에게 순종하라"

골로새서 3:20

자녀들아 모든 일에 부모에게 순종하라 이는 주 안에서 기쁘게 하는 것이니라

　오늘날 전 세계적으로 청소년 문제가 심각한 사회 문제가 되고 있습니다. 청소년 문제의 원인은 대부분 가정에서 찾을 수 있습니다. 가정의 문제는 부부의 문제와 연결되며, 부부의 문제

는 자녀에게 영향을 미칩니다. 결국 가정 문제에서 비롯된 자녀 문제는 사회와 시대의 문제가 됩니다.

그러므로 건강한 교회와 사회, 국가의 기초는 가정에서 출발한다고 할 수 있습니다. 그래서 시대 문제의 근본 원인은 가정에 있고 자녀의 문제는 부모와의 관계에서 발생합니다. 그러므로 청소년 문제를 해결하기 위해선 부모와 자녀 간의 관계 문제가 먼저 해결돼야 합니다.

부모와 자녀의 관계에서 발생하는 모든 문제의 근본 원인은 가정에 하나님의 말씀이 온전히 세워지지 않았기 때문입니다. 그래서 부모와 자녀가 각각 하나님의 말씀으로 돌아가야만 모든 문제가 해결될 수 있습니다. 이처럼 하나님이 가정에 두신 하나님의 창조 질서를 회복할 때 가정과 사회가 회복됩니다.

01
자녀에게 세운 가정의 질서

하나님은 가정 안에 영적 질서를 세우셨습니다. 남편과 아내, 부모와 자녀가 감당해야 할 책임과 지켜야 할 영적 질서를 만드셨습니다. 그러므로 가족 구성원 모두 각자의 책임을 감당해야 가정의 질서가 바르게 세워집니다.

부모에 대한 순종

하나님은 가정 안에서 자녀가 지켜야 할 책임과 질서를 세우셨습니다. 그것은 자녀가 자기 부모에게 순종하는 것입니다. 자녀는 하나님께서 자기 위에 세워주신 부모라는 권위에 순종해야 합니다. 부모의 권위는 부모가 스스로 세운 것이 아니라 하나님이 세우셨기 때문에 순종해야 합니다. 하나님은 가정에서 자녀가 부모를 통해 하나님의 권위에 순종하는 방법을 배우게 하십니다.

'순종'이라는 말은 '누구의 아래 있다'는 말과 '무엇을 듣는다'는 두 단어가 합성된 말입니다. 부모에게 순종한다는 것은 부모의 권위 아래 들어가서 부모의 말을 잘 듣는다는 뜻입니다. 권위를 만드신 하나님은 부모를 통해 자녀가 권위를 대하는 방법을 배우게 합니다. 하나님은 자녀가 눈에 보이지 않는 하나님에 대한 권위에 순종하는 법을 눈에 보이는 부모를 통해 배우게 하십니다. 하나님이 세우신 권위에 대한 올바른 태도는 순종입니다. 부모의 권위에 순종할 때 권위 아래에서 보호를 받게 됩니다.

하나님이 세우신 권위에 순종하지 못할 때 우리는 다른 영적 권위에 속하게 됩니다. 그래서 하나님의 권위에 순종하지 못하는 자녀는 다른 권위 아래 들어가게 됩니다. 하나님의 권위에 순종하는 것은 하나님의 말씀에 순종하는 것입니다. 그러므로 그 말씀에 순종하지 못하는 사람은 죄를 짓게 되고, 그 죄를 통해 다른 권위인 마귀의 권위에 속하게 됩니다.

요한일서 3:8
죄를 짓는 자는 마귀에게 속하나니 마귀는 처음부터 범죄함이라 하나님의 아들이 나타나신 것은 마귀의 일을 멸하려 하심이라

이처럼 자녀가 가정에 세워진 부모의 권위에 순종할 때 영적으로 보호를 받게 됩니다. 그리고 주님의 권위 안에서 하나님의 자녀로 성장합니다. 그러나 하나님이 세우신 부모에게 순종하지 않는 자녀는 영적인 보호막에서 벗어나게 됩니다. 부모의 권위에서 벗어난 자녀는 하나님의 말씀을 불순종한 죄로 마귀의 권위에 속하게 됩니다. 그리고 가정에서 부모의 권위에 순종하지 않는 자녀는 마귀가 다스리는 세상 권세를 이기지 못하고 세상에 빠지게 됩니다.

가정의 보호를 떠난 자녀는 바로 마귀의 자녀가 되어 세상에 속하게 됩니다. 가정에서 하나님의 일꾼으로 성장하여 하나님 나라의 용사가 되어야 할 자녀들이 세상 나라의 폭군이 되는 것입니다. 그래서 가정에서 빼앗긴 자녀들이 마귀의 권위 아래서 어둠의 일꾼이 되고 사회 문제를 일으켜 시대의 큰 문제가 됩니다. 그리고 하나님의 권위를 거역하고 나간 이들이 하나님을 대적하고 교회를 공격하며 성도를 핍박하는 역할을 합니다. 이처럼 부모의 권위에서 벗어난 자녀는 가정 차원의 문제가 아니라 시대의 문제이며 하나님 나라의 영적인 문제임을 인식해야 합니다.

하나님 나라의 영적 전투는 가정 안에서부터 치열하게 일어납니다. 특히 마지막 때가 가까울수록 가정 안에서 가족들이 서로 원수가 됩니다.

> 누가복음 12:52
> 이 후부터 한 집에 다섯 사람이 있어 분쟁하되 셋이 둘과, 둘이 셋과 하리니
> 누가복음 12:53
> 아버지가 아들과, 아들이 아버지와, 어머니가 딸과, 딸이 어머니와, 시어머니가 며느리와, 며느리가 시어머니와 분쟁하리라 하시니라

마지막 때의 영적 회복은 사회가 아닌 각 가정에서부터 시작되어야 합니다. 각 시대의 사회와 나라의 문제는 가정에서부터 시작되기 때문입니다. 그러므로 마지막 때에는 엘리야가 와서 아비의 마음을 자녀에게로 돌이키고, 자녀의 마음을 아비에게로 돌이키는 역사가 일어나게 됩니다.

> 말라기 4:5
> 보라 여호와의 크고 두려운 날이 이르기 전에 내가 선지자 엘리야를 너희에게 보내리니
> 말라기 4:6
> 그가 아버지의 마음을 자녀에게로 돌이키게 하고 자녀들의 마음을 그들의 아버지에게로 돌이키게 하리라 돌이키지 아니하면 두렵건대 내가 와서 저주로 그 땅을 칠까 하노라 하시니라

가정의 질서는 가정의 문제가 아니라 시대의 문제와 직결됩니다. 하나님이 세우신 부모의 권위에 자녀가 순종하는 것은 자녀의 개인적인 문제가 아니라 가정의 문제이며, 그 시대의 문제와 연결됩니다. 부모의 권위에 순종하지 못하는 것은 단순한 도덕적인 규범 차원의 문제가 아니라, 자녀의 영적 생명에 관한 문제입니다. 부모에게 순종하는 것이 단순히 부모라는 사람

에게 순종하는 차원이 아니라 하나님의 권위에 속하게 되는 하나님 나라에 속한 문제입니다. 그 부모의 권위에 순종치 못하면 다른 권위에 속하여 악한 마귀의 종노릇을 하다가 영원한 불못에 떨어지는 불행한 인생이 됩니다. 그래서 하나님 말씀에 순종하는 자에게는 하나님의 복이 주어지나, 그 말씀의 권위에 순종치 못하는 자에게는 저주가 주어집니다.

부모에게 순종하는 방법

하나님은 자녀가 부모에게 순종하는 기준을 말씀하십니다. 그것은 '모든 일'에 순종하는 것입니다. 모든 일이라는 것은 모든 상황과 조건이 다 포함됩니다.

모든 일에 자녀가 부모에게 순종하는 것은 쉽지 않습니다. 순종하지 못할 만한 여러 가지 이유가 있기 때문입니다. 그중에 부모와 자녀 간에 세대 차이에서 오는 어려움이 있습니다. 부모 세대와 자녀 세대는 서로 살아온 경험이나 시대에 따른 사상과 가치관들이 서로 다릅니다. 그래서 부모 세대는 자녀 세대를 이해하기 어렵고, 자녀 세대는 부모 세대를 이해하기 어렵습니다.

또한 부모와 자녀의 인격과 지적인 수준 차이와 가치관과 취향, 성향 등 여러 가지로 다른 면이 많고 더구나 종교적인 배경과 신앙의 성숙도가 다를 때는 어려운 문제들이 더욱 많이 생깁니다.

어떤 가정은 부모가 자녀보다 부족한 면이 많기도 합니다. 이처럼 인간적인 논리와 이치로 부모에게 순종하려고 하면 순종하기가 어렵습니다.

하나님도 이런 사실을 누구보다 더 잘 알고 계십니다. 그러나 하나님은 자녀들이 부모에게 순종하는 기준을 '모든 일'이라고 하셨습니다. 그것은 세상의 기준과 자격의 문제가 아니라 영적 권위에 속한 문제이기 때문입니다. 하나님은 자녀에게 부모라는 사람에게 순종하기 전에 하나님이 부모에게 주신 권위에 순종하라고 하십니다.

하지만 하나님이 내신 권위에 순종하지 못하게 방해하는 것이 세상의 생각과 이론입니다. 우리는 순종할만한 이유와 가치가 있어야만 순종하려고 합니다. 그러나 순종의 능력은 순종하는 그 자체에 있습니다. 자기 이론이나 논리에 순종하는 것은 순종이 아니라 논리에 동의하는 것일 뿐입니다. 진정한 순종은 이해가 안 되고 순종할 수 없는 조건이라도 말씀에 순종하는 것입니다. 성경에서 아브라함이 하나님의 말씀에 순종하여 이삭을 번제로 드리는 것이나, 여호수아가 홍수로 물이 넘치는 요단 강에 들어서는 것, 그리고 여리고 성을 얻기 위해 7일 동안 성을 돌았던 것은 말씀이 이해 되어서가 아니라 하나님의 말씀 자체에 순종한 것입니다. 하나님께서는 이렇게 순종하는 사람에게 순종의 능력을 행하십니다. 말씀하신 하나님의 권위에 속해 그 권위를 신뢰하고 의지하는 사람만이 순종의 능력을 경험할 수 있습니다.

하나님께 순종하려고 할 때 사람의 논리와 이치와 생각으로 이해할 수 없는 것이 이해가 되는 것보다 훨씬 더 많습니다. 그래서 선하시고 전지전능하신 하나님의 권위를 신뢰해야 말씀에 순종할 수 있습니다.

요한복음 2:2
예수와 그 제자들도 혼례에 청함을 받았더니
요한복음 2:3
포도주가 떨어진지라 예수의 어머니가 예수에게 이르되 저들에게 포도주가 없다 하니

요한복음 2:4

예수께서 이르시되 여자여 나와 무슨 상관이 있나이까 내 때가 아직 이르지 아니하였나이다

요한복음 2:5

그의 어머니가 하인들에게 이르되 너희에게 무슨 말씀을 하시든지 그대로 하라 하니라

요한복음 2:6

거기에 유대인의 정결 예식을 따라 두세 통 드는 돌항아리 여섯이 놓였는지라

요한복음 2:7

예수께서 그들에게 이르시되 항아리에 물을 채우라 하신즉 아귀까지 채우니

요한복음 2:8

이제는 떠서 연회장에게 갖다 주라 하시매 갖다 주었더니

요한복음 2:9

연회장은 물로 된 포도주를 맛보고도 어디서 났는지 알지 못하되 물 떠온 하인들은 알더라 연회장이 신랑을 불러

가나 혼인 잔치에서 예수님의 어머니 마리아는 예수님의 권위에 순종하는 것이 무엇인지 잘 알았습니다. 혼인 잔치에서 포도주가 떨어졌을 때 마리아는 하인들에게 '예수님께서 너희에게 무슨 말씀을 하시든지 그대로 하라'고 말했습니다. 그래서 하인들은 예수님께서 항아리에 물을 채우라고 말씀하셨을 때

그대로 순종할 수 있었습니다. 포도주가 떨어진 잔칫집에서 항아리에 물을 채우라는 말씀을 하인들이 이해하려고 했다면 순종하기 어려웠을 것입니다. 사람의 이치에 맞지 않는 일에 순종하는 것은 누구나 쉽지 않기 때문입니다. 그러나 하인들은 말씀이 이해되어서가 아니라 말씀을 하신 예수님의 권위에 순종했기 때문에 물이 포도주가 되는 순종의 능력을 체험하게 되었습니다.

그러므로 자녀는 육신의 부모에게 순종하기 전에 하나님의 말씀 자체에 순종해야 합니다. 그것은 부모를 위한 것 이전에 하나님을 위한 것이며, 하나님의 말씀에 순종할 때 순종의 능력을 경험하며 하나님께 칭찬과 복을 받습니다.

02
하나님의 기쁨이 되는 자녀

하나님께서 세상과 사람을 창조하신 목적은 하나님의 기쁨을 위해서입니다. 그래서 우리 인생의 큰 목적과 사명은 하나님을 기쁘시게 하는 것입니다. 하나님이 사람에게 두신 계획과 뜻에 따라 살 때 하나님을 기쁘시게 해드릴 수 있습니다. 하나님을 기쁘시게 하는 구체적인 방법은 하나님이 우리에게 주신 하나님의 말씀에 순종하는 것입니다.

하나님은 각 가정에 합당한 말씀을 주시고 우리가 그 말씀에 순종할 때 기뻐하십니다.

그러므로 하나님께서 자녀에게 부모의 권위에 순종하라고 말씀하신 이유는 순종을 통해 하나님이 기쁨을 받으시기 위해서입니다. 말씀에 순종하는 목적은 단지 부모를 기쁘게 해드리는 차원이 아니라 하나님께 기쁨을 드리기 위해서입니다.

이처럼 눈에 보이는 부모를 기쁘게 하는 것을 통해 눈에 보이지 않는 하나님을 기쁘시게 하는 방법을 배우게 하십니다. 그리고 부모의 권위에 순종함으로 하나님께 순종하는 법을 배우게 하십니다.

부모를 사랑함

하나님께서 우리에게 가장 바라시고 기뻐하시는 것은 하나님을 사랑하는 것입니다. 하나님은 우리가 하나님을 사랑하는 것을 가장 기뻐하십니다. 그래서 하나님을 사랑하는 방법과 기준을 말씀하셨습니다.

마태복음 22:37
예수께서 이르시되 네 마음을 다하고 목숨을 다하고 뜻을 다하여 주
너의 하나님을 사랑하라 하셨으니

예수님은 우리에게 마음과 목숨과 뜻을 다해 하나님을 사랑하라고 말씀하셨습니다. 우리 인생의 모든 것을 다 바쳐 하나님을 사랑하라는 의미입니다. 이것이 자녀를 향한 우리 아버지 하나님의 마음입니다. 보이지 않는 하나님을 사랑하는 방법은 보이는 아버지를 마음과 목숨과 뜻을 다해 사랑하는 연습을 통해 배울 수 있습니다.

예수님께서 이 땅에 오셔서 우리에게 하나님 아버지를 사랑하는 본을 먼저 보여주셨습니다. 예수님은 아버지 되신 하나님의 말씀대로만 순종하며 사셨습니다. 사람이 보기에 이해할 수 없는 일에도 순종하셨습니다.

예수님은 하나님이시지만 사람의 모습으로 오셔서 왕궁도 아닌 마구간에 놓인 구유에서 태어나셨습니다. 그리고 예수님은 아무 죄가 없지만, 십자가에서 모든 사람의 죄를 대신해 죽어야 한다는 기막힌 하나님의 말씀에 순종하시기 위해 밤새 겟세마네 동산에서 기도하셨습니다. 그리고 하나님 아버지가 원

하시는 뜻대로 순종하셨습니다. 예수님은 하나님을 사랑하셨기 때문에 하나님의 말씀에 온전히 순종하셔서 하나님을 기쁘시게 해드렸습니다.

하나님은 이러한 사랑을 자녀가 가정에서 부모를 사랑하는 것을 통해 배우게 하셨습니다. 사랑은 자신의 모든 것을 내어주는 희생과 헌신이 요구됩니다. 그러므로 다른 사람을 사랑하는 마음이 없으면 자신을 희생하면서까지 사랑하고 섬길 수 없습니다. 부모를 사랑하기 위해서도 자신을 부인하고 희생하는 값 지불이 필요합니다. 그래야 부모를 사랑하는 것이 자신의 기쁨이 됩니다.

사랑하는 사람에게는 자신의 가장 좋은 것으로 섬기며 순종하려고 합니다. 나에게 주신 부모를 사랑하는 것을 통해 하나님을 사랑하는 법을 배워야 합니다. 부모를 사랑하면 부모의 말에 순종할 수 있고 순종을 통해 부모를 기쁘시게 해드릴 수 있습니다. 부모를 어떻게 사랑하는지 아는 자녀는 하나님도 그렇게 사랑할 수 있습니다.

부모를 기쁘게 할 것을 찾음

하나님은 우리가 적극적으로 하나님을 기쁘시게 할 것이 무엇인지 고민하고 찾기 원하십니다. 무엇으로 하나님을 기쁘시게 할 수 있는가를 찾는 것이 우리가 살아가는 목적입니다.

> **에베소서 5:10**
> 주를 기쁘시게 할 것이 무엇인가 시험하여 보라

자녀가 하나님을 기쁘시게 하는 것을 배우기 위해서는 먼저 부모를 기쁘시게 하는 것을 배워야 합니다. 부모를 기쁘시게 해드리기 위해서는 먼저 부모가 무엇을 원하시는지를 알아야 합니다. 부모의 기준에서 부모가 원하는 것을 섬겨드려야 하기 때문입니다.

> **잠언 23:24**
> 의인의 아비는 크게 즐거울 것이요 지혜로운 자식을 낳은 자는 그로 말미암아 즐거울 것이니라
> **잠언 23:25**
> 네 부모를 즐겁게 하며 너를 낳은 어미를 기쁘게 하라

자녀가 부모를 사랑하기 어려운 것은 부모의 마음을 다 헤아리지 못하기 때문입니다. 부모의 마음을 알아서 그 마음을 섬기는 것이 사랑의 능력이며 그런 사랑이 부모의 마음을 기쁘게 합니다.

부모의 마음을 모르는 자녀에 대한 이야기가 있습니다. 남편을 여의고 고생하면서 두 아들을 키운 어머니가 있었습니다. 맏아들은 어머니의 마음을 헤아리고 착하게 잘 자랐지만, 둘째 아들은 어머니가 잘 못해 준다고 불평하면서 어머니의 마음에 근심이 되었습니다. 결국 그 아들은 잘못을 저질러 추운 겨울에 감옥에 가게 되었고, 그곳에 어머니가 면회를 하러 가게 되었습니다. 그러나 면회 시간 동안 두 사람은 아무 말이 없었습니다. 아들은 어머니가 자기에게 잘 못 해줘서 자기 인생이 이렇게 됐다는 피해 의식과 원망의 마음으로 어머니를 쳐다보지도 않았고, 어머니는 아들이 찬 감옥에서 고생하는 것이 너무 안쓰럽고 무슨 말을 하면 눈물이 터질 것 같아 말을 할 수가 없었습니다.
그러다가 간수가 면회 시간이 끝났음을 알려주자 어머니가 딱 한 마디 했습니다. "춥지?" 그러고는 눈물을 보이지 않기 위해 돌아서면서 조그만 성경책을 던져주고 나왔습니다. 며칠 후 형이 면회를 하러 갔습니다. 그러자 동생은 형에게 어머니에 대한 갖은 비난과 욕설을 퍼부었습니다. "어머니가 지금까지 해준 게 뭐야? 나에게는 아무것도 안 해주고 형만 좋아하고... 기껏 면회 와서 '춥지?' 이 한 마디하고 갔어." 그때 형이 마음이 아파서 이렇게 말했습니다. "얘, 그런 게 아니야. 지금 어머니가 어떤지 아니? 너를 면회하고 가신 그날부터 통화가 안 돼서 내가 며칠 뒤에 가 보았더니, 아들이 찬 감옥에 있는데 따뜻한 방에 잘 수가 없다고 방에 불을 넣지 않고 기도하시다가 쓰러진 것을 병원에 모셔다 놓고 오는 길이다."

그 말을 들은 아들은 고개를 떨구면서 이렇게 말했습니다. "내가 지금까지 어머니를 오해했구나. 나는 어머니가 나를 사랑하실 거라고는 생각 못 했어. 어머니가 그렇게 나를 사랑하고 내가 잘되기를 바라신다면 이제 내가 어머니가 원하는 것을 해드리고 싶어." 그날 이후 그 아들은 팽개쳐 두었던 성경책을 찾아서 읽게 되었고, 이후 놀랍게 변화되었습니다.

자녀가 부모의 마음을 헤아리고 섬길 때 부모의 마음이 기뽑니다. 부모와 자녀는 생각과 가치관이 다르기 때문에 자녀의 기준에서 부모를 섬기려고 하면 부모의 마음을 다 헤아릴 수 없고 기쁘게 해드릴 수 없습니다.

우리가 하나님을 섬길 때도 우리의 기준과 방식대로 섬길 때가 있습니다. 하지만 그렇게 섬길 때, 하나님을 기쁘게 해드리기보다 오히려 근심이 될 때가 많습니다. 그만큼 우리의 마음이 하나님의 마음과 다릅니다. 우리의 생각과 하나님의 생각이 하늘과 땅처럼 다르기 때문입니다. 그러므로 자녀는 먼저 부모의 마음과 생각을 헤아리는 연습을 통해 하나님을 알아갈 수 있습니다.

옛날 어떤 마을에 홀어머니를 모시고 사는 두 사람이 있었습니다. 두 사람은 각각 효자와 불효자로 소문이 났습니다. 소문을 들은 한 선비가 그들이 어떻게 해서 효자와 불효자라는 말을 듣는지 알아보고자 동네를 찾아갔습니다.

먼저 '갑'이라는 이름을 가진 효자의 집에 갔습니다. 낮에는 어머니를 집에 계시게 하고 밖에 나가 온종일 고된 일을 하고 피곤한 몸으로 집에 돌아옵니다. 아들이 집에 돌아오면 어머니가 반가워서 "얼마나 고생이 많았니? 내가 물을 떠서 네 발을 씻어주고 맛있는 밥을 해 줄게."라고 말씀합니다. 그러나 아들은 "어머니, 무슨 말씀이세요. 제가 제 발을 다 씻고 어머니를 위해 밥상까지 차려 드릴 테니까 어머니는 방에 편하게 계세요."라고 말했습니다.

그 후 선비는 '을'이라는 불효자의 집에 갔습니다. 그도 온종일 고된 일을 하고 집에 돌아왔을 때 그의 어머니가 "온종일 얼마나 고생이 많았니?" 하시며 어머니가 물을 가져와 아들의 발을 씻어 줄 때 아들은 어머니를 말리지 않았습니다. 그리고 어머니가 차려준 밥을 맛있게 먹었습니다.

그래서 선비가 '을'이라는 불효자에게 이렇게 물어봤습니다. "여보게 젊은이, 이 동네에서 당신이 불효자라고 원성이 자자한데 왜 늙은 홀어머니를 고생시키며 발을 씻기시게 하고 밥상까지 차리시게 하는가?" 아들은 이렇게 말했습니다. "선비님, 저는 어머니가 저를 얼마나 사랑하시는지 잘 압니다. 어머니가 사랑하는 아들의 발을 씻기시는 것을 얼마나 좋아하시는데요. 어머니의 마음을 잘 알기 때문에 제 마음은 아프지만 그렇게 해 드리는 것입니다. 동네 사람 모두 저를 좋지 않게 생각해도 어머니가 기뻐하시면 계속 그렇게 하려고 합니다."

　두 사람 중 과연 누가 더 부모의 마음을 잘 알고, 누가 더 부모의 마음을 기쁘게 해드렸을까요? 이것이 부모의 마음과 상관없이 자기 기준에서 부모를 기쁘시게 하려는 자녀와 부모의 기준에서 부모의 마음을 기쁘시게 하는 자녀의 차이입니다. 마찬가지로 하나님의 마음을 알고 하나님을 기쁘시게 해드리는 것이 하나님을 사랑하는 마음입니다.

　하나님을 기쁘시게 하기 위해서는 하나님의 마음을 알도록 힘써야 합니다. 보이지 않는 하나님의 마음을 알기 위해 부모님의 마음을 알아야 합니다. 그래서 부모님이 기뻐하실 것이 무엇인지를 알고 사랑하며 섬김으로 하나님을 기쁘시게 하는 자녀가 되기 바랍니다.

나누어 보기

1. 부모에게 순종하지 못하는 자녀가 방황하게 되는 이유는 무엇인 가요? 나는 어떤 권위에 속하여 어떤 영향을 받고 있는지 나누어 보세요.

2. 자녀가 부모에게 순종하는 기준은 무엇인가요? 그 근거를 부모가 아닌 하나님의 말씀에 둘 때 하나님이 주시는 축복이 무엇인지 나 누어 보세요.

3. 부모를 기쁘게 하는 것과 하나님을 기쁘시게 하는 것은 어떤 연관 성이 있나요? 나는 부모님을 어떻게 기쁘게 할지 나누어 보세요.

Chapter 3

하나님이 내신 부모의 원리

"네 자녀를 하나님께 맡기라"

사무엘상 2:18

사무엘은 어렸을 때에 세마포 에봇을 입고 여호와 앞에서 섬겼더라

사무엘상 2:19

그의 어머니가 매년 드리는 제사를 드리러 그의 남편과 함께 올라갈 때마다 작은 겉옷을 지어다가 그에게 주었더니

사무엘상 2:20

엘리가 엘가나와 그의 아내에게 축복하여 이르되 여호와께서 이 여인으로 말미암아 네게 다른 후사를 주사 이가 여호와께 간구하여 얻어 바친 아들을 대신하게 하시기를 원하노라 하였더니 그들이 자기 집으로 돌아가매

사무엘상 2:21

여호와께서 한나를 돌보시사 그로 하여금 임신하여 세 아들과 두 딸을 낳게 하셨고 아이 사무엘은 여호와 앞에서 자라니라

사무엘상 2:22

엘리가 매우 늙었더니 그의 아들들이 온 이스라엘에게 행한 모든 일과 회막 문에서 수종 드는 여인들과 동침하였음을 듣고

사무엘상 2:23

그들에게 이르되 너희가 어찌하여 이런 일을 하느냐 내가 너희의 악행을 이 모든 백성에게서 듣노라

사무엘상 2:24

내 아들들아 그리하지 말라 내게 들리는 소문이 좋지 아니하니라 너희가 여호와의 백성으로 범죄하게 하는도다

사무엘상 2:25

사람이 사람에게 범죄하면 하나님이 심판하시려니와 만일 사람이 여호와께 범죄하면 누가 그를 위하여 간구하겠느냐 하되 그들이 자기 아버지의 말을 듣지 아니하였으니 이는 여호와께서 그들을 죽이기로 뜻하셨음이더라

사무엘상 2:26

아이 사무엘이 점점 자라매 여호와와 사람들에게 은총을 더욱 받더라

세상의 모든 부모는 자녀를 사랑하기 때문에 자신은 부족해도 자녀만은 잘 되길 바라는 마음으로 자녀를 잘 키우려고 노력합니다. 하지만 자녀를 키워본 대부분의 부모는 자식 문제만큼은 자기 뜻대로 되지 않는다고 말합니다.

　하나님도 첫 자녀인 아담과 하와를 잘 키워보려고 하셨지만, 하나님의 뜻대로 되지 않았습니다. 아담과 하와가 하나님의 말씀을 거역하고 불순종했기 때문입니다. 자녀로서 실패한 아담과 하와는 자기 자녀만은 잘 되길 바라며 양육했을 것입니다. 그러나 아담의 첫째 아들인 가인은 오히려 부모보다 더 악한 죄를 지었습니다. 자녀로서 실패한 아담과 하와는 실패한 부모가 되었습니다.

　사무엘은 하나님 앞에서 탁월한 선지자로 인정받고 백성의 칭송을 받았습니다. 하지만 사무엘의 자녀들은 아버지와는 전혀 달랐습니다. 이스라엘의 두 왕을 세운 위대한 사무엘도 자녀만은 뜻대로 되지 않았던 것입니다. 또한 하나님의 마음에 맞는 이스라엘 왕 다윗도 자녀 문제에 어려움을 겪었습니다. 다윗의 아들인 암논은 이복누이인 다말을 간음했고 그로 인해 암논의 동생인 압살롬이 암논을 죽이는 사건이 벌어졌습니다. 결국 압살롬은 아버지이자 왕인 다윗을 반역했습니다. 다윗 자신은 하나님 마음에 맞는 삶을 살았지만, 자녀만큼은 뜻대로 할 수 없었습니다.

이러한 말씀은 부모가 자기 자신은 하나님 앞에 온전한 삶을 살 수 있어도 그 자녀 문제는 부모의 뜻대로 되지 않음을 보여줍니다.

비록 부모와 자녀는 육신으로 가장 가깝지만, 영적으로는 각각 하나님 앞에 독립된 영혼입니다. 그래서 자녀는 부모의 뜻과 노력도 중요하지만, 자녀 스스로 하나님과 어떤 관계를 맺느냐에 따라 자녀의 인생이 결정됩니다. 그래서 하나님은 자녀를 하나님께 온전히 맡길 수밖에 없게 하십니다. 하나님만이 자녀의 주인이시고 인생의 주관자이기 때문입니다.

01
부모의 신앙관

　세상에서는 위대하게 쓰임 받으면서도 하나님 앞에서는 초라한 삶을 사는 사람이 있습니다. 반면, 세상에서는 미약한 삶을 살지만 하나님 앞에서는 위대한 삶을 사는 사람이 있습니다. 그리고 하나님 앞에서 놀라운 인생을 살면서 동시에 세상에서도 유능한 인생을 사는 사람도 있습니다.

부모가 어떤 가치관으로 사는가는 자녀의 가치관에 큰 영향을 줍니다. 세상에서 돈을 많이 벌고 성공하는 일에 큰 가치를 두는 부모는 자녀에게도 이런 삶을 살도록 가르치고 요구합니다. 또한 어려운 환경으로 인해 제대로 교육받지 못한 열등감이 있는 부모는 자녀에게 높은 학력을 요구합니다. 하지만 하나님을 깊이 만나 인생이 변화된 부모는 자녀가 하나님 앞에 신앙하는 것을 최우선으로 여깁니다.

위대한 믿음의 사람들의 뒤에는 위대한 믿음의 부모가 있었습니다. 감리교의 창시자인 요한 웨슬리는 1700년대 영국의 대부흥을 주도한 하나님의 신실한 종이었습니다. 사람들은 요한 웨슬리에 대해 말할 때마다 그의 어머니 수잔나를 언급합니다. 요한 웨슬리의 아버지는 목사로서 가난한 탄광촌에서 목회를 했습니다. 그래서 수잔나는 열세 명의 자녀를 학교에 보낼 형편이 되지 않아서 집에서 자녀들을 직접 가르쳤습니다. 열세 명의 자녀 모두 하나님의 훌륭한 일꾼으로 자라게 되었는데 그 비결은 세상의 좋은 교육 때문이 아니라 수잔나의 엄격하고 신앙적인 교육 때문이었습니다.

수잔나는 자녀들이 걷기 시작할 때부터 자녀들을 데리고 양로원, 교도소, 병원 등을 찾아가서 봉사활동을 했습니다. 자녀들에게 남을 돕고 섬기는 삶을 가르치기 위해서였습니다. 또한 매주 한 끼씩 금식하게 하고, 하루 세 번씩 소리 내어 기도를 하게 했습니다. 항상 경건하고 절제된 생활을 가르치고, 매일 저녁 여섯 시부터 아홉 시까지 가정 예배를 드렸습니다. 이 시간에는 아무리 몸이 아파도 모든 자녀가 참석해야 했습니다. 아홉 시에 기도회가 끝나면 자녀들을 각자 방 앞에 세운 후 어머니가 질문합니다. "얘들아, 너희들은 누구냐?" 이렇게 질문하면 아이들은 "우리는 위대한 어린이입니다."라고 대답합니다. 그리고 어머니는 "누가 너희를 위대하다고 했느냐?"라고 질문하면 자녀들은 "하나님께서 우리를 위대한 사람이라고 말씀하셨습니다."라고 대답했다고 합니다. 비록 목회 때문에 가난한 탄광촌에서 살고 있지만, 자녀들이 위대한 아이들이라는 정체성을 마음에 심어주었습니다.

이렇게 철저한 신앙 교육의 결과, 요한 웨슬리의 형제들은 후에 하나님의 위대한 지도자가 되었습니다. 부모의 신앙관이 하나님 중심적으로 분명할 때 그 자녀가 하나님의 일꾼으로 세워지게 됩니다.

02
하나님 중심의 교육

우리의 인생은 하나님의 말씀을 어떻게 대하느냐에 따라 결정됩니다. 하나님의 말씀을 최고의 가치로 여기는 교육은 최고의 자녀 교육이 됩니다.

사무엘상 2:6
여호와는 죽이기도 하시고 살리기도 하시며 스올에 내리게도
하시고 거기에서 올리기도 하시는도다

사무엘상 2:7
여호와는 가난하게도 하시고 부하게도 하시며 낮추기도 하시고
높이기도 하시는도다

우리의 인생을 주관하시는 분은 하나님이시며, 육신의 부모가 자녀의 인생을 좌우할 수 없습니다. 사람의 지혜와 말에는 능력이 없지만, 하나님의 말씀에는 사람을 변화시키는 능력이 있기 때문입니다. 그러므로 자녀를 양육할 때의 기준은 사람의 이론이나 말이 아닌, 하나님의 말씀인 성경 말씀으로 해야 합니다. 성경만이 사람을 교훈과 책망과 바르게 함과 의로 교육하기에 유익하여 하나님의 사람으로 온전히 양육할 수 있게 하기 때문입니다.

디모데후서 3:16
모든 성경은 하나님의 감동으로 된 것으로 교훈과 책망과 바르게
함과 의로 교육하기에 유익하니
디모데후서 3:17
이는 하나님의 사람으로 온전하게 하며 모든 선한 일을 행할
능력을 갖추게 하려 함이라

성경에서 자녀 교육에 대한 대조적인 두 가정의 모습을 볼 수 있습니다. 하나는 평범한 한나의 가정이고, 다른 하나는 엘리 제사장의 가정입니다.

한나의 자녀 교육

한나는 결혼 후 오랫동안 자녀가 없어서 마음이 애통했습니다. 자녀가 있던 남편의 둘째 아내인 브닌나가 한나를 멸시하고 괴롭혔습니다. 한나가 아이를 갖지 못한 이유는 한나에게 특별한 문제가 있었기 때문이 아니었습니다. 성경에서는 하나님이 임신하지 못하게 하셨기 때문이라고 말씀합니다. 하나님이 하신 일은 하나님께서 해결하실 수 있기 때문에 한나는 다른 방법을 찾지 않고 오직 하나님께 나아가 자기 문제를 간구했습니다. 한나는 기도할 때 "저에게 아들을 주시면 그를 평생 여호와께 드리고 삭도를 그의 머리에 대지 않겠습니다."라고 서원하며 마음을 토하며 간절히 기도했습니다. 그리고 하나님께서는 한나의 애절한 기도를 들으셨고 아들 사무엘을 주셨습니다.

한나는 오랫동안 자녀가 없어서 브닌나로부터 많은 수치와 멸시를 받는 아픔을 겪었습니다. 그런 중에 기도로 얻은 아들이었기 때문에 그 아들은 한나에게 세상에서 가장 소중한 존재였을 것입니다. 한나는 아들을 매일 품에 안고 사랑하며 살고 싶었을 것입니다. 그러나 한나는 모든 인간적인 마음을 접고 아들이 젖을 뗄 나이가 되자 하나님께 서원한 대로 제사장이 있는 성전에 데려가 아들을 하나님께 맡겼습니다.

왜냐하면 한나는 이 귀한 아들이 자신의 자녀이기 전에 하나님의 자녀라고 생각했기 때문입니다. 한나는 자녀를 하나님께 맡겨드릴 때 자신이 키우는 것 보다 더 잘 양육될 것이라는 믿음이 있었기 때문에 그렇게 할 수 있었습니다. 이것이 하나님 앞에 사는 한나의 믿음의 자녀 교육관입니다.

하나님의 자녀

사무엘은 한나에게 하나밖에 없는 귀한 아들이었습니다. 오랫동안 자녀가 없어서 고통을 받던 중에 얻은 보배 같은 아들입니다. 그럼에도 한나는 사무엘이 자신의 자녀이기 이전에 하나님의 자녀라는 것을 인정했습니다. 오랫동안 자신의 노력으로 자녀를 가질 수 없었지만, 기도를 통해 하나님께서 자녀를 주셨다는 것을 인정했기 때문입니다.

부부가 결혼한다고 해서 저절로 자녀가 생기지 않습니다. 하나님께서 태의 문을 여시고 자녀를 허락하시지 않으면 아무도 자기 힘으로 자녀를 가질 수 없습니다. 사람의 영혼과 생명은 사람에게 속한 것이 아니기 때문입니다. 각 가정에 주어진 자녀는 하나님이 은혜로 주신 선물입니다. 그러므로 아무도 자녀를 자기 소유라고 주장할 수 없습니다. 자녀는 내 자녀가 아니라, 하나님이 부모에게 맡기신 하나님의 자녀라는 것을 인정해야 합니다.

이런 사실을 알지 못하는 부모는 '자식은 내 자녀이기 때문에 내 뜻대로 한다'고 생각합니다. 그래서 자녀를 부모의 소유물처럼 여기며 부모의 뜻대로 키우려고 합니다. 그러나 모든 생명의 주인이신 하나님은 만세 전에 이미 각 사람에 대한 계획을 두고 세상에 태어나게 하셨습니다. 그러므로 모든 자녀가 세상에 태어나는 목적은 하나님이 각 자녀에게 두신 계획을 이루는 것입니다. 그것을 통해 하나님을 기쁘시게 하는 것이 하나님의 뜻이기 때문입니다.

이사야 43:7

내 이름으로 불려지는 모든 자 곧 내가 내 영광을 위하여 창조한
자를 오게 하라 그를 내가 지었고 그를 내가 만들었느니라

하나님께서 사람을 지으신 목적은 하나님께서 영광을 받기 위해서입니다. 자녀는 부모를 위해 태어나는 것이 아니라 하나님의 영광을 위해 하나님께서 부모에게 주신 것입니다. 이런 원리를 알지 못하는 사람은 '내가 어떻게 낳고 키운 자식인데...'라고 생각하며 자녀를 자기 소유물로 여기며 집착합니다.

자녀는 하나님이 부모에게 맡기신 선물임을 믿고 감사하는 마음으로 받아야 합니다. 그리고 자녀의 주인 되신 하나님을 대신해서 하나님의 뜻에 합당하게 양육해야 할 책임을 가져야 합니다.

자녀가 하나님의 자녀라는 인식이 없는 부모는 자녀를 하나님의 뜻대로 키우려고 하지 않습니다. 오히려 부모의 뜻을 성취하기 위해 하나님의 뜻을 거스릅니다. 그래서 부모와 자녀 간에 충돌이 일어나기도 합니다. 자녀가 부모의 뜻대로 되지 않는다는 불만으로 부모는 답답합니다. 자녀도 자신의 인생이 부모의 뜻에 강요당하는 고통을 받습니다. 이처럼 자녀를 하나님의 뜻

대로 양육하지 않고 자신의 소유물로 생각하면 부모와 자녀 모두 고통을 받게 됩니다.

하나님의 기쁨을 위한 자녀

모든 사람이 세상에 태어나는 목적은 하나님의 기쁨이 되기 위해서입니다. 그래서 모든 사람은 하나님의 기쁨이 될 때 인생의 의미를 찾게 됩니다.

아무리 세상에서 성공한 사람이라도 하나님의 기쁨이 되지 못하면 인생의 의미를 깨닫지 못합니다. 그래서 성공한 사람 중에서도 영적인 공허함을 채우지 못해 고통을 겪는 사람이 많습니다.

하나님은 가정에 주신 자녀가 부모의 기쁨이 되기 전에 먼저 하나님의 기쁨이 되는 자녀로 성장하기 원하십니다. 이처럼 부모는 부모의 기쁨이 되는 자녀가 아니라 하나님의 기쁨이 되는 자녀로 양육하려는 믿음이 있어야 합니다.

하나님 나라를 위한 믿음이 없는 부모는 자녀가 세상에서 성공하기 원합니다. 그래서 세상의 방법으로 '부모가 원하는 자녀'를 키우려고 합니다. 유능한 정치가, 위대한 학자, 대기업 임

원, 사업가, 유명한 연예인이나 운동선수 등이 되기를 바랍니다. 자녀가 사람들에게 인정받고 다른 사람보다 많은 부와 높은 명예를 가진 사람이 되기를 원합니다.

부모는 자녀를 자기 품에서 하나님의 품으로 돌려드려야 합니다. 부모에 의해 인생이 묶인 자녀를 풀어줄 때 하나님께서 자녀를 키우십니다. 그래서 부모는 자기를 위한 자녀가 아니라 하나님을 위해 사는 자녀가 되기를 원해야 합니다. 자녀를 하나님의 기쁨이 되고 하나님이 원하는 자녀가 되도록 양육할 때 자녀의 인생이 형통하게 됩니다.

자녀를 하나님의 기쁨이 되는 자녀로 양육하기 위해선 부모가 먼저 하나님의 기쁨의 되는 삶을 살아야 합니다. 부모가 먼저 하나님이 기뻐하시는 자녀가 될 때 자신의 자녀도 하나님의 자녀로 양육될 수 있습니다. 부모가 하나님의 기쁨이 되는 자녀가 될 때 자녀도 부모의 기쁨이 됩니다.

하나님께 맡긴 자녀

자녀를 하나님의 기쁨이 되는 자녀로 양육하는 것은 부모의 노력과 힘만으로 되지 않습니다. 부모도 완전하지 못하여 하나님이 기뻐하시는 온전한 삶을 보여줄 수 없기 때문입니다. 그러므로 하나님이 기뻐하시는 온전한 자녀로 키우기 원한다면 자녀를 하나님께 맡겨드려야 합니다.

자녀를 부모의 틀 안에 가두어 양육하면 자녀를 향한 하나님의 모든 도움을 차단하게 됩니다. 하나님의 도움이 없이 자란 자녀는 세상과 하나님 나라에서 초라한 인생을 살게 됩니다.

부모가 자녀를 하나님께 맡겨드릴 때 하나님께서 자녀를 친히 책임지고 키우십니다. 하지만 자녀를 하나님께 맡기지 않으면 부모가 자녀의 인생을 책임져야 합니다. 부모가 하나님께 자녀를 맡겨드리기 위해선 먼저 부모가 자신의 인생을 하나님께 맡기는 믿음이 있어야 합니다. 그래야 자녀를 하나님께 맡길 수 있기 때문입니다.

한나는 세상에서 가장 귀한 아들을 젖 떼는 어린 나이에 엄마의 품에서 하나님께 맡겼습니다. 한나는 자기 마음대로 아들을 키우고 싶은 다른 어머니들과는 달리 하나님의 자녀로 키우고 싶은 마음이 있었습니다. 그래서 한나는 어린 아들을 하나님께 맡기고 오직 기도로 양육했습니다. 그러자 아들 사무엘은 이스라엘에서 가장 뛰어난 사사가 되었을 뿐 아니라 두 왕을 세운 위대한 영적 지도자가 되었습니다. 하나님 나라에서 위대한 자로 쓰임 받길 바라며 아들을 하나님께 맡겼기 때문입니다.

만약 한나가 아들을 자기 품 안에서 애지중지하며 키웠다면 아들은 부모를 위해 효도하는 좋은 아들로만 자랐을 것입니다. 하지만 자녀를 하나님께 맡겨드릴 때 하나님께서 자녀를 향한 위대한 뜻을 이뤄주신 것입니다.

엘리 제사장의 자녀 교육

인생이 형통하지 못하고 불행한 것은 각 사람의 죄 때문입니다. 만약 죄가 없다면 사람에게 자녀 문제, 부모 문제, 형제 문제, 사회 문제 등 아무런 어려움이 없을 것입니다. 죄 문제는 어른뿐 아니라 아이들에게도 예외가 아닙니다. 아이들이 겉으로는 착하고 순하게 보이지만 모든 사람은 태어날 때부터 죄를 품고 태어나기 때문입니다.

창세기 8:21

여호와께서 그 향기를 받으시고 그 중심에 이르시되 내가 다시는 사람으로 말미암아 땅을 저주하지 아니하리니 이는 사람의 마음이 계획하는 바가 어려서부터 악함이라 내가 전에 행한 것 같이 모든 생물을 다시 멸하지 아니하리니

그러므로 자녀 교육의 핵심은 자녀의 죄 문제를 다루는 것입니다. 자녀의 죄가 자녀를 하나님으로부터 멀어지게 하고 하나님의 뜻에 불순종하는 삶을 살게 합니다. 부모가 자녀를 위해 모든 것을 바쳐 잘해준다고 해도 자녀의 죄 문제를 다루지 못하면 자녀는 죄로 인해 불행한 인생을 살게 됩니다. 자녀 교육의 실패 원인은 부모가 경제적인 지원을 못 해주거나 지식이 부족해서가 아니라 자녀 속에 있는 죄 문제를 해결해주지 못했기 때문입니다.

엘리는 하나님이 세우신 제사장이었으나 자녀의 죄 문제를 제대로 다루지 못해서 자녀의 인생은 물론, 가문 전체가 파멸되었습니다. 엘리 제사장의 두 아들인 홉니와 비느하스도 제사장이었습니다. 그러나 두 아들은 행실이 나빠 제사장임에도 여호와를 알지 못했습니다. 제사장인 아버지가 두 아들에게 하나님의 말씀을 가르치고 영적으로 훈련하지 않았기 때문입니다. 하

나님에 대한 바른 믿음을 가르치지 못한 채 거룩한 직분만 맡겨 주었기 때문에 주어진 결과입니다.

이로 인해 두 아들은 하나님의 거룩한 제사를 멸시하고 성소를 더럽히는 음행을 저지르며 하나님 앞에 악한 죄를 지었습니다. 엘리 제사장은 두 아들의 죄를 알고도 단호하게 훈계하지 못하고 말로만 심판을 경고했습니다. 두 아들의 타락은 갑자기 일어난 것이 아닙니다. 어려서부터 아버지가 아들들에게 하나님을 두려워하는 것과 하나님을 위해 사는 훈련을 하지 않은 것의 열매입니다. 죄의 심각성과 심판의 결과가 얼마나 무서운지 가르치지 않으면 죄를 심각하게 여기지 않습니다. 부모가 자녀를 인간적으로 아끼는 마음이 강하면 자녀의 죄를 엄격히 다스리고 징계하지 못합니다.

엘리 제사장 시대는 율법에 따라 매주 제사를 드리는 종교 행위는 했지만 여호와의 말씀이 희귀하여 하나님의 비전이나 음성이 주어지는 일은 흔하지 않았습니다. 영적으로 어두운 시대였기 때문입니다. 그래서 엘리 제사장은 자녀들의 죄를 향한 하나님의 심각한 마음을 잘 깨닫지 못했습니다. 그래서 자녀들의 죄 문제를 알았지만, 하나님의 말씀으로 다루지 못했습니다.

잠언 13:24

매를 아끼는 자는 그의 자식을 미워함이라 자식을 사랑하는 자는 근실히 징계하느니라

아이들은 죄에 대한 분별력이 약하고 스스로 죄를 다스릴 능력이 없습니다. 그래서 부모가 자녀의 죄를 징계하지 않으면 자녀는 죄에 대한 분별력을 갖지 못하고 죄의 세력만 커지게 됩니다. 그래서 작은 거짓말이라도 바로 징계하지 않으면 시간이 지날수록 더 심각해지고, 고집과 죄도 세력이 강해져서 나중에는 아무도 제어할 수 없는 강퍅한 사람이 됩니다.

가정마다 자녀가 귀한 시대여서 자녀의 자존감을 세워준다는 생각으로 자녀가 하고 싶은 것을 마음껏 하도록 내버려 두는 부모도 많습니다. 이것은 자녀의 자존감을 세워주기보다 자녀의 죄를 키우는 잘못된 양육 방법입니다. 부모는 자녀의 죄를 훈육하고 징계하여 하나님의 말씀으로 죄를 이기는 진정한 자유를 경험하도록 양육해야 합니다.

부모가 자녀를 하나님의 자녀로 키우기 원한다면 자녀를 하나님께 맡겨드려야 합니다. 그러면 부모와 자녀의 영혼이 하나님 앞에서 자유롭게 될 것입니다. 하나님께 기쁨이 되지 못하는

자녀는 부모에게 근심이 되지만 하나님의 기쁨의 되는 자녀는 부모의 기업이자 상급이 됩니다.

하나님은 자녀를 하나님께 맡김으로 하나님 앞에 형통한 자녀가 되기를 원하십니다. 하나님은 자녀를 이 땅에 보내셨을 뿐만 아니라 그들을 통해 이루실 계획을 가장 잘 알고 계십니다. 부모의 품 안에서 부모가 원하는 자녀를 키우기보다 하나님 앞에 믿음으로 맡겨 드릴 때 자녀를 향한 위대한 뜻을 이루실 하나님을 기대해야 합니다. 자녀를 하나님께 맡겨드릴 때 사무엘과 같이 자기 시대의 영적 흑암을 걷고 하나님 나라를 세우는 위대한 영적 일꾼이 나오게 될 것입니다.

나누어 보기

1. 부모는 자신의 신앙관에 따라 자녀를 양육할 수밖에 없습니다.
   내가 가진 자녀교육관이 어떤지 나누어 보세요.

2. 한나의 자녀교육관은 어떠한가요? 나의 교육관과 다른 점은 무엇
   인지 나누어 보세요.

3. 엘리 제사장의 자녀교육의 실패 원인이 무엇이었나요? 나에게 잘
   못된 자녀교육관이 있다면 무엇인지 나누어 보세요.